马克思主义理论与社会工程系列丛书

主编／王宏波

社会工程的哲学基础

周永红／著

科学出版社
北京

内 容 简 介

社会工程研究是中国特色社会主义建设内发性需求催生的理论探索。本书通过对实践物质观、视域融通的研究方法、社会工程模式设计的三维结构等的概括，提炼出社会工程活动依据的哲学基础和基本观点，主要截取社会工程方法论、社会工程规律论、社会工程价值论、社会工程模式论等理论问题，对社会工程的哲学基础予以论证和探索。

本书适合马克思主义理论、马克思主义哲学的工作者和爱好者及相关学科的本科生、研究生使用。

图书在版编目(CIP)数据

社会工程的哲学基础/周永红著. —北京：科学出版社，2021.6
（马克思主义理论与社会工程系列丛书）
ISBN 978-7-03-059826-4

Ⅰ. ①社⋯ Ⅱ. ①周⋯ Ⅲ. ①社会哲学-研究 Ⅳ. ①B0

中国版本图书馆 CIP 数据核字（2018）第 276346 号

责任编辑：刘英红 / 责任校对：贾娜娜
责任印制：赵 博 / 封面设计：黄华斌

科学出版社 出版
北京东黄城根北街 16 号
邮政编码：100717
http://www.sciencep.com

北京厚诚则铭印刷科技有限公司印刷
科学出版社发行 各地新华书店经销

*

2021 年 6 月第 一 版　开本：720×1000　1/16
2024 年 3 月第四次印刷　印张：9 3/4
字数：200 000
定价：86.00 元
（如有印装质量问题，我社负责调换）

作者简介

周永红：法学博士，毕业于西安交通大学马克思主义学院，一直从事马克思主义哲学、马克思主义理论与社会工程研究工作。现任中共陕西省委党校哲学教研部副教授，硕士生导师，马克思主义理论和马克思主义哲学科研团队成员，陕西省哲学学会副会长兼秘书长。在《自然辩证法研究》《西安交通大学学报》《马克思主义研究》《工程哲学》《中国社会科学报》等CSSCI期刊、核心期刊、报纸发表论文24篇，参与论文集、教材撰写15部，主持国家社科基金项目1项、陕西省社科基金项目1项。

总序
社会工程是当代马克思主义理论实践转化的新形态

从20世纪90年代以来，我的一个重要的学术方向就是开展社会工程研究，并且有一个自觉的思想取向，就是把马克思主义理论研究、社会学理论研究与社会工程研究紧密地结合起来。我所指导的硕士生、博士生有相当一部分论文选题都与这个主题有关。随着研究的深入，我越来越体会到社会工程研究应当是马克思主义理论在当今时代进一步发展的一个理论增长点。因此，也就引导学生把马克思主义理论研究与社会工程研究密切结合，既形成了一些比较好的成果，也引起了学术界的关注。为了进一步总结这种研究，推广这种研究的学术思路，我们组织编写了这套丛书，奉献给读者，求得批评指正。

谈论社会工程，首先要从工程与科学的区别说起。我们知道工程师并不同于科学家，他们的主要任务是设计并创造出自然世界中原本并不存在的事物。工程设计过程的突出特征是人根据自己的目的和意图形成操作意见施加于客观事物，并借助于对事物自身规律的利用，使事物发生有利于人的目的或意图实现的变化，从而形成一个新的事物，最终实现人的目的或意图。

那么从社会演进的方式看，工程活动的上述基本特征也存在于社会管理过程中，并通过社会管理的环节作用于社会发展的进程之中。马克思主义认为，社会是以生产力发展为基础的各种生产关系的总和及建立其上的上层建筑体系。从实际的角度看，它表现为一系列制度、法律、政策和各种规范。这些事物是社会的人建立的，又是社会的人打破并由新的形式所替换的。每建立一种新的形式，都是一种创新。设计新的社会蓝图，也就是制定新的社会制度模式、法律、政策和各种规范，建立一种新的社会结构和社会秩序，也是一种社会工程。简言之，社会工程就是通过设计社会模式来改造社会的人类实践活动。社会工程活动的特点是通过设计和建构制度、体制、政策、规则体系等社会模式来解决社会矛盾、推动社会发展。中国的改革开放是由一系列的社会工程活动构成的。从最初在农村实行联产承包制改革，到企业实行奖金制度的改革；从教育改革到经济改革；从沿海开放的改革到内陆开放的改革；从经济领域的改革到社会领域的改革，再到文化领域、政治领域的改革；等等，都表现为一个又一个的社会工程活动。所以，中国经验从根本上说，就是搞社会工程的经验。改革需要谋划和设计，这正是社会工程活动的核心特征。当我们把邓小平拥戴为总设计师时，就已经从核心特征上承认改革就是社会工程活动。

人们常说的社会建设，或者说社会建设工程，实际上是常指民生工程。在我们的普通语境下，社会建设概念是与经济建设、文化建设、政治建设及生态建设等概念相对应的，是社会主义建设"五位一体"结构中的一个子结构，但它不代表"五位一体"的总结构。社会工程中的社会，是指"五位一体"的总结构。它们不是一个概念。简单的区分，也可以叫"大社会"和"小社会"。我们常说的社会建设一般指称的对象是"小社会"。社会工程术语中的社会概念是指反映"五位一体"的"大社会"。这就是两者的基本区别。

首先，社会工程活动与社会工程学是相互联系又相互区别的概念。社会工程活动是一种客观的活动。社会工程学是关于社会工程活动规律与研究方法的知识体系。所以，研究这种知识就是为了提高社会工程活动的效率和效益及成功的概率。其次，所谓的"小社会"能否运用针对"大社会"所形成的社会工程方法论。回答是肯定的。因为社会结构的复杂性在于一个整体社会具有"大社会"的"五位一体"的结构。其实，所谓的一个"小社会"，也具有"五位一体"的结构，不过是层次低了一级，而且主导性质不同而已。例如，当我们研究经济建设这个子系统时，也会遇到经济系统中的社会因素、文化因素、政治因素和生态因素，不过这里的主导性质是经济属性。再如，社会保障体系建设就是社会建设中的一项社会工程，是典型的民生工程，这项工程中的基础因素还是经济因素，还有文化传统因素和政治因素等，不过起主导作用的是民生保障。所以，从根本上讲，总体社会的结构是一个"套箱"结构，如它具有"五位一体"的结构特征，但任何一个子结构，如经济结构本身也可以按照五个方面去分解，这正是社会的复杂性所在。所以，社会工程的理论和方法也可以应用到社会的子结构的分析过程中去。

如果说社会工程活动发生在社会结构的各个层面和不同的方面，既有宏观的社会工程，也有微观的社会工程。那么，社会工程研究的核心环节是什么？我认为是模式设计。所谓模式是指客观事物的结构特点和过程特点相统一的存在形态。所谓社会事物模式是指制度模式、政策模式、体制模式、机制模式、法治模式、经济模式、文化模式、政治模式及生态文明模式等。社会上存在各种社会模式，既不是完全自然发生的，也不是从天上掉下来的，更不是个别人物的头脑主观产生的，而是人们根据社会发展的规律和人们的社会需求设计出来，再根据社会实践的选择和淘汰而沉淀为社会文明成果的。所以，模式设计是社会工程活动的核心环节，也是社会工程研究的核心环节。

毋庸讳言，有不少人认为"设计"这个概念，是自然科学、工程技术领域的方法和概念，不适用于社会领域。他们认为，社会是由人组成的，人是有自由意志的，所以人的活动是不能设计的！如果由一些人设计另一些人的活动，就会违背自由原理，就会走向专制主义，这其实是一种误解。我认为这种看法是不能成立的，并且这种看法本身掺杂着多种因素，甚至有一些学术情感和意识形态因素。

这可以分几个层次来说明。首先从哲学的实践认识论上说，模式设计处于"实践—认识—实践"过程中的两个相互衔接阶段的第二个阶段，即从认识到实践阶段的思维方式。第一个阶段是形成科学认识、发现真理的阶段，第二个阶段是将理论认识转变为实践方案，并展开实践过程的阶段。第二个阶段实现的前提性条件就是形成实践方案。需要注意的是，实践方案虽然也是一种认识和思维的结果，但它不是理论认识的结果。要形成实践方案需要经过模式设计这个思维的环节。因此，模式设计不是理论思维，它们是两种不同的思维方式，不能混为一谈。如果否认了模式设计，就等于取消了认识向实践的转化。

其次，社会工程的设计不是面对"个体"去设计个人的活动，而是设计社会关系实现形式、生产关系形式、经济关系形式、政治关系形式等。通过对这些社会关系实现形式的设计去影响和引导人们的社会活动。所以，社会工程的设计是面向社会关系的，不是面向个体的。如果把"设计"对象理解为社会成员个体，这确实是一种误解。

最后，如果社会关系形式要设计，就有一个所设计的社会关系形式和社会所要求的社会关系形式的矛盾，这个矛盾的展开过程和解决过程就是社会工程过程。这个过程有成功的设计，也有失败的设计，可能还有恶意的设计。不少人用失败的设计和恶意的设计来否定社会工程中的设计，我认为这种观点是片面的。正因为存在着这些不同效果的设计，我们才要研究社会工程规律，研究社会工程的理论和方法，提高人们的设计自觉性与价值合理性，提升成功设计的概率，降低失败设计的概率，反对恶意设计。正因为社会设计过程中存在着成功设计、失败设计、恶意设计，才形成了一门学问去专门研究它的规律性和正当性。

有一种观点认为，人类社会的秩序是自发形成的，无须社会设计，一旦设计就会违背人的本性，肯定会出错，人们称其为自发秩序论。这是新自由主义的代表人物哈耶克的论点，但是他只说对了一半。人类经济秩序的形成，特别是在资本主义的早期，商品经济关系及后来的市场经济关系，有自然形成的特点。例如，河流的交叉地点，由于航运市场会逐渐形成；再如，民间的借贷关系的发展会出现钱庄等。但是，这种自发的发展过程会受到一种限制，就是无数个自发过程互相冲突的时候，当这种相互的冲突危及各自的发展秩序和发展前景的时候，就需要从社会的角度进行干预和调节，西方资本主义发展到现当代时出现的政府干预，就是这种形势的反映。

另外，对于后发展国家来说，利用社会工程设计思维推动社会发展就显得更有必要了。后发展国家的发展过程有一个重要的机制就是学习机制，就是学习先发展国家的发展经验，汲取先发展国家的发展经验，还要根据人类文明进步趋势和科学技术发展新特点和新趋势，自觉地设计自己国家和地区的发展模式。人们不愿意、也不可能按照发达国家已经走过的路，亦步亦趋的、不采取任何措施的自然发展，这样只会成为已经发展的发达国家的附庸，根本不可能赶上和超过它们。例如，中国的生态文明建设模式，就必须超越西方的环境保护模式。西方的某些国家实现环境保护的方式之一是转移生态成本，而中国要想向国外转移环境成本的条件和空间就受到很大限制。所以，我们只能创新发展模式，这里是需要创新性设计的。

社会的发展是社会各个方面的发展过程的"过程集合体"，我们不能够只根据某一个过程的某些特点，就得出一个绝对主义的结论，这种做法是不科学的。

社会工程的思想与马克思主义的研究有密切的关系，可以说，社会工程研究是21世纪马克思主义理论创新与发展的一个新的理论增长点。我认为，可以从社会工程活动与社会工程研究两方面来回答这个问题。

一方面，社会工程活动是马克思主义理论的一种实践形态。马克思主义理论从产生起就是观照社会现实的，马克思主义理论的发展过程同时也是马克思主义理论不断作用于现实社会，形成马克思主义的社会实践过程。马克思主义理论的社会实践形态大体上包括社会运动、社会革命、社会工程三种形态。三者都是适应不同时代主题和社会发展不同阶段需求的不同形态。在和平与建设的年代，随着社会生产力的发展，社会结构进一步复杂化，社会分工与分化加速，社会主体的价值需求多样化，对不同社会主体的利益诉求需要通过综合协调、系统集成、整体思维的思维方式加以系统考量和综合权衡，经过多重政策的相互配合，制度模式的相互协调，规则、标准的相互补充设计与建构来实现多元主体的价值需求。这种思维方式就是社会工程思维的基本特征。它超越了社会运动思维的整齐划一性与社会革命思维的非此即彼性。实事求是地说，中华人民共和国成立之始，我们就进入了社会工程时代，社会工程思维已经客观上居于建设思维的主体地位，但是我们的建设思维仍没有自觉地摆脱社会运动思维与战争时期的革命思维，所以在我们取得很多重大成就的同时，也出现了一些失误，走了一些弯路。今天我们推动马克思主义中国化、时代化、大众化，就要求马克思主义与改革开放这一中国正在进行的、具有时代特征的、现实的社会工程活动相结合。

改革是典型的社会工程活动，改革思维就是典型的社会工程思维。

改革开放以来，邓小平反思社会主义建设的经验和教训，提出社会主义再认识的时代课题。明确区分社会主义本质和规律与社会主义模式，提出了社会主义可以有多种模式的思想，开辟了改革开放的新时期，标志着马克思主义进入社会工程的实践形态。然而，这个历史阶段虽然在实践上具有社会工程的特点，但是并未从思想理念上明确社会工程的思想地位和基本要求。中国的改革开放进入新时代，改革开放的模式也进入自觉的社会工程的历史时期，这是习近平新时代中国特色社会主义思想的一个十分重要的特色。

习近平新时代中国特色社会主义思想的一个重要特点，就是突出了、强调了社会工程思维的特点，他强调全面深化改革的系统性、整体性与协同性，强调社会系统工程的思想和改革的顶层设计，提出构建人类命运共同体的思想等，充分展示了从社会工程层面推进马克思主义理论的时代性创新，是马克思主义中国化的第三次历史性飞跃。可以说，在当今社会，离开社会工程活动理解马克思主义理论，就难以深刻彰显马克思主义新的生命力。马克思曾经指出，以往的哲学家们只是用不同的方式解释世界，而问题在于改变世界。社会工程活动就是在和平与发展时代"改变世界"的活动，是这个时代马克思主义者的实践活动方式。

另一方面，社会工程研究是马克思主义理论与社会实践活动相互作用的转化环节。马克思主义理论要指导实践也必须经历一个由抽象命题到具体命题，由一般理论范式到具体实践模式的转化环节，这个环节就是社会工程研究。社会工程研究是社会模式的蓝图设计与论证工程，也是具体的社会工程过程的理论反思与总结过程，在马克思主义与社会工程活动间起到中介作用。我认为，社会工程研究是马克思主义理论研究从社会发展的基本理论与规律性的层次向社会发展的模式设计与实践层次的深入和扩展，是丰富和发展马克思主义理论的新的学术领域和学科发展新的增长点。例如，社会发展模式研究是马克思主义中国化提出的社会工程问题，社会工程规律问题是从社会工程角度提出的马克思主义时代化的一个理论论域，理论命题的操作化则是从社会工程角度提出的马克思主义大众化的问题等。

习近平新时代中国特色社会主义思想充分体现了中国改革的社会工程思维特点，集中体现为自觉总结改革规律的思维特色，是解释中国改革和发展成就的中国学问，是哲学社会科学发展的中国贡献。习近平的改革思维包含了战略思维、创新思维、辩证思维、法治思维、底线思维相统一的思想，包含了目标思维、结构化思维、过程性思维相结合的思想，包含了顶层设计与基层创新相结合的思想、整体推进和重点突破结合的思想等内容，涉及新理念、新思想、新战略等不同层次。研究习近平新时代全面深化改革的社会工程思维，揭示全面深化改革中的制度需求与制度供给的内在规律，有利于深刻理解习近平新时代中国特色社会主义思想的思维特征和实践方式，有利于深刻理解在新时代坚持和发展什么样的中国特色社会主义，怎样坚持和发展中国特色社会主义的时代课题，为夺取新时代全面深化改革的新胜利提供学理支撑。

习近平有关治国理政、从严治党、高标准治军、全球治理等方面的论述也都蕴涵着丰富的社会工程的思想，要学懂、悟透、践行习近平新时代中国特色社会主义思想应当引入社会工程思维方式。治国理政与全面深化改革及处理重大世界事务，从本质上说是社会工程活动。所以，理解习近平新时代中国特色社会主义新思想不能纯粹用理论思维的方式，不能纯粹用科学思维的方式，尤其是不能使用学科思维的方式把某一种学科的思维范式作为唯一的准则，而应当运用社会工程的思维方式，体现其综合性、系统性、辩证性与集成性，只有这样才能学懂、悟透习近平新时代中国特色社会主义思想的精髓和实质，自觉践行习近平新时代中国特色社会主义思想。

西安交通大学长期以来支持马克思主义理论与社会工程研究，为此于 2004 年成立了社会工程研究中心，在马克思主义理论学科的博士生培养中也列有马克思主义与社会工程研究方向，并在这个研究方向上培养了不少博士生。参加这套丛书出版的作者都是曾经攻读该研究方向的博士生，为了总结这类研究成果特撰写出版这套丛书。这套丛书的出版受到西安交通大学马克思主义学院的支持，科学出版社的刘英红同志为丛书的出版也做了大量的工作，在此一并表示衷心感谢。

王宏波

2018 年 10 月 24 日

于西安交通大学兴庆校区

序

周永红博士邀请我给她的专著《社会工程的哲学基础研究》一书作序，并说我在光明网发表的《坚守为人民做学问》一文，正是社会工程自改革开放以来兴起并秉承的初心。同为研究社会工程的学者，我深有同感，因而以此文为序谈谈社会工程研究和她的这本书。

坚持以马克思主义为指导，是当代中国哲学社会科学区别于其他哲学社会科学的根本标志。这其中的核心问题是要解决好"为什么人"的问题。这就要求广大哲学社会科学工作者坚持以人民为中心的研究导向，自觉把个人的学术追求同国家和民族发展联系在一起，努力多出经得起实践、人民、历史检验的研究成果。

第一，恪守人民立场，强化价值自觉，为人民事业服务。哲学社会科学既是知识体系，又是价值体系。它具有鲜明的意识形态属性，始终有一个为谁服务、坚持什么方向的问题。我国哲学社会科学以马克思主义为指导，就必须把马克思主义立场观点方法贯穿到学科体系、学术体系、话语体系建设的各个环节，贯穿于研究的全过程，使其成为哲学社会科学工作者的理论自觉，成为做学问的行动指南。马克思主义是阶级性、科学性与人民性的有机统一，这就要求我们做学问必须恪守人民立场，为人民述学立论。

广大哲学社会科学工作者要坚持研究为了人民，研究主题来自人民，研究成果反映人民的需求和期盼。要把自觉维护、实现和发展人民群众的利益作为做学问的根本出发点和落脚点，以此校正自己的学术研究。哲学社会科学工作者生活在现实社会中，研究什么，主张什么，都会打上社会的烙印。我们不能一头钻进象牙塔而对现实社会不闻不问，也不能使学术成果成为精致而无用的小摆设。哲学社会科学工作者要担负起关怀现实的责任，使学术研究对人民事业产生积极的影响和作用，只有这样才能实现学术研究的真正价值和意义。我们要志存高远，有强烈的社会责任感和博大的人民情怀，围绕人民群众最关心的问题进行研究，认真回应人民群众的现实关切，并将研究成果及时回馈给社会和人民，为人民做学问，助推经济社会向前发展。

第二，尊重人民主体地位，聚焦人民实践创造，融入时代潮流。人民是实践的主体和历史的创造者，人民群众的实践是做学问的根本动力和不竭源泉，也是哲学社会科学思想理论创新的现实素材与精神宝库。丰富多彩的群众生活孕育着巨大的创造潜能，纷繁复杂的历史现象包含着社会的内在本质，生动的人民群众实践遵循着社会发展的规律。真正的学问要用勤劳的双脚来丈量，要靠丰富的社会实践去感知和体验，要以耐心细致的实际调查来支撑。唯有深入生活，从学术角度梳理和总结人民群众的实践经验，提炼、概括和升华人民群众的实践智慧，才能形成一定的思想理论创新成果。我们尊重人民主体地位，不仅要从人民群众的实践中汲取智慧、提炼思想、升华理论，而且要让哲学社会科学的优秀理论成果普及化、大众化，让理论能够指导和引领实践。

哲学社会科学工作者不是历史的看客，而是时代变革的参与者、时代精神的塑造者、时代风尚的引领者。我们要聆听历史的回响，深刻感受和理解当代中国的发展变化，读懂读透丰富复杂的中国历史和现实，只有这样才能把准经济社会发展的脉搏，获取思想创造的丰富灵感，把握社会历史的发展规律。广大哲学社会科学工作者应该以我们正在做的事情为中心，从我国改革发展的实践中挖掘新材料、发现新问题、提出新观点、构建新理论，加强对改革开放和社会主义现代化建设实践经验的系统总结，加强对发展社会主义市场经济、民主政治、先进文化、和谐社会、生态文明及党的执政能力建设等领域的分析研究，加强对党中央治国理政新理念、新思想、新战略的研究阐释，提炼出有学理性的新理论，概括出有规律性的新实践。在此过程中，个人的学术选题及研究领域要与国家和地方经济社会发展、时代重大理论与实践问题、中国特色社会主义伟大实践紧密结合，以具有标识性的概念对中国道路进行深入研究，提炼出具有理论穿透力的学术观点。只有想人民之所想、急人民之所急、解人民之所困，才能在破解时代难题中砥砺奋进，使个人的学术研究与时代潮流产生强烈的共鸣。

第三，潜心学术，精耕细作，为人民创造精品。"脱离了人民，哲学社会科学就不会有吸引力、感染力、影响力、生命力。"①只有深深扎根于人民群众的生活进行耕耘，才能创作出学术精品。这就要求我们：一要树立学术精品意识，精益求精，严谨治学，不断创新。学术研究不是简单机械地重复已有成果，而是要提出具有原创性和时代性的理论观点。有重要价值的学术精品往往是在回应时代重大理论和现实问题中产生的。广大哲学社会科学工作者要聚焦国家经济社会发展中的全局性、前瞻性、战略性问题，以及人民群众普遍关注的热点、难点、焦点问题，对这些问题进行持续深入的探索，在此过程中获得关于历史、人生和社会

---

① 习近平：《在哲学社会科学工作座谈会上的讲话》，2017 年 5 月 19 日，http://gz.people.com.cn/n2/2016/0519/c344102-28361505.html。

的真知灼见。二要舍得下"笨"功夫，用老老实实的态度潜心摸索，以专注、执着、敬业、负责的精神做学问，厚积薄发，久久为功。三要淡泊名利，怀着赤子之心、感恩之心、敬畏之心，真诚地为人民做出顺应时代要求的大学问。四要运用人民语言，保持清新文风。要善于从人民群众丰富生动的语言中汲取营养，以鲜活而又朴实的文风增强表达效果，使学术研究更接地气，更好地走进人民群众的日常生活之中。

社会工程研究是中国特色社会主义建设内发性需求催生的理论探索，几代学者紧跟中国社会发展的脉络，以学术为根基，以问题为导向，开创出新兴的学术领域。改革开放以后，关于如何搞好社会主义建设的思考和探索，形成了社会工程研究。它从实践论层面反思新的社会关系、社会事物的建构，从而形成了其研究的实践论域。社会工程作为马克思主义的社会应用形式，搭建起马克思主义理论与具体社会关系模式之中介。深入研究社会工程既有利于在社会主义进程中探索合理有效的社会制度、社会政策模式，又可以通过对实践物质观、跨学科研究方法、社会工程模式设计的三维结构等的概括，提炼出社会工程活动依据的哲学基础和基本观点。可以说，社会工程研究是建构中国特色哲学社会科学理论和话语体系进程中，中国学者用自己的话语体系，探索解决中国问题做的理论探索。

周永红博士跟随王宏波教授从事马克思主义理论与社会工程研究，是西安交通大学马克思主义学院以社会工程为题完成毕业论文的博士生之一。作为新兴的哲学社会科学研究方向，社会工程研究的学术共同体正在形成，学科的研究范式也正在探索中。该书的特色是立足于实践论域选取社会工程方法论、社会工程规律论、社会工程价值论、社会工程模式论等基本问题，从建构层面对社会工程的哲学基础进行研究和论证。

第一章主要阐述社会工程研究在"社会变结构"中如何构建合理有效的社会关系，旨在把中国特色社会主义道路、理论映现与展示在制度模式上。其本质是研究建构层面社会关系生成问题。它以问题为导向，融通不同学科间范畴、逻辑、研究方法，开启了一个多学科知识联合作业以应对社会问题的学术领域。综合集成的思维和跨学科研究是其突出特点。社会工程作为现代社会人类活动的一种基本类型，广义上讲，泛指一切工程活动过程及其结果；狭义上讲，特指以解决社会问题为导向变革社会关系结构的活动及结果，即以社会模式设计为核心，关于具体的社会关系的建构、设计、实施活动及其结果，如设计和实施社会制度、政策、法律、法规等。社会工程思维是实践思维的一种表现形式，从社会工程活动的结果来说，是制度性事实的总和，是选择、设计与建构的统一，也是科学性与价值性的统一。

第二章主要阐述社会工程研究是建构性的探索。从认识的第二次飞跃进程来看，新的社会事物和社会关系是在实践中建构起来的。把物质原则和实践原则结合起来，既是揭示物质观的必要条件，也是揭示实践观的必要条件。从实践的观点看物质观，引发我们思考实践和物质的关系问题，由此，马克思主义的社会工程坚持实践物质观，即从物质与实践的关系中考察社会事物、制度性事实的生成。从实践物质观的视角看社会世界，物质、规律、价值都不是一成不变的，而是在社会生活中生成的。

第三章主要阐述社会规律和社会工程规律是马克思主义社会发展理论不同层面的规律。一个是历史观层面的规律，另一个是具体社会变革层面的规律。前者是关于社会发展宏观趋势、一般发展走向的理论，包括社会发展的内在矛盾及其运动规律，关于社会形态的划分、演进的基本观点，揭示的是社会发展的本质及其规律，揭示若干个社会形态演变的趋势；后者是以特定社会发展模式设计为对象的社会发展理论，主要研究特定社会发展模式的建构问题。

第四章主要阐述社会工程中的价值是在主体与客体双向互动的社会工程活动中生成的，客体之于主体指向发展的需求、意义和效应。社会工程活动是价值导向下的模式设计活动。多重价值分歧的现实提出了价值整合的必要性，价值整合要坚持"以人为本"与"以物为据"相统一的原则、整体与局部相统一的原则、兼顾与优先相统一的原则。

第五章主要阐述模式设计是社会工程活动的核心环节。社会规律不是社会模式，社会模式的建构是在把握社会发展总体及其趋势的基础上，探索规律、价值、情境的结合方式。

第六章主要阐述社会工程研究坚持用学术讲问题。社会工程的理论和方法是研究中国特色社会主义建设进程中遭遇的问题的一个理论视角。作者认为，我们研究马克思主义理论，绝不仅仅是对中国特色社会主义实践和理论做马克思主义的论证，不是在预设马克思主义的理论框架的前提下，检索当下的实践和理论的思想脉络或理论渊源，而是马克思主义理论的本土化叙述，是马克思主义理论在中国特色社会主义建设进程中的"接着说"。在改革开放以来新的历史起点上，研究马克思主义理论，就是坚持马克思主义的立场、观点、方法，以中国学者的学术立场和现实关怀，自觉地参与到马克思主义理论的当代形式的探寻中。首先，在理论上，致力于如何将马克思主义立场、观点、方法外显于中国特色社会主义道路、政策、制度模式的建构中，探索其模式建构的一般方法；其次，在实践中，探索中国特色社会主义道路、政策、制度模式现实化路径。这就是以问题为导向的马克思主义理论研究必须直面的。用哲学的眼光跟踪、观照建设中的我国社会各个领域的问题和发展，我们往往发现，对共同问题的现实关怀，表现出一代学人在解决问题对策方面思想的一致性。

第七章主要阐述在建构中国特色社会主义哲学社会科学进程中要坚定社会工程研究。在建设中国特色社会主义事业过程中，要坚持运用以问题为导向的哲学社会科学研究理念。

　　社会工程研究虽然是一个新兴的学科研究领域，但是从它起根发苗时就是追随着社会主义建设"怎么做"的问题逐步深化的。这本书的生成、完稿正体现了几代学者的不断努力，是以时代中重大理论和现实问题为切入点，在建构层面进行理论的深度犁耕的缩影。正如作者所言的："蕴含着真问题的思想是原创性学术的开端。"我们有理由相信，随着中国特色社会主义事业建设的深入，这个学科领域的研究必会有更大的发展空间。

西安交通大学马克思主义学院教授　李永胜

2019 年 7 月

前言
用中国学者的学术话语说中国人的事情

2017年5月中共中央印发了《关于加快构建中国特色哲学社会科学的意见》，党的十九大报告中，习近平同志强调"深化马克思主义理论研究和建设，加快构建中国特色哲学社会科学"[1]，这种理论期盼对于参与和见证了改革开放以来中国社会变迁的中国学者来讲，并不是一个突如其来的话题。在中国特色社会主义建设中，用中国学者的学术话语说中国人的事情、研究中国问题一直都是一代学者的追求。

在党校工作了20多年、在高校从事学术研究数年，我经常被他人问到高校与党校的区别。我总是说："高校是给社会培养人的，高校学生有一部分人会进入国家机关，或许会成为党校学员；而更多的人则会作为公民参与到社会建设中，成为社会的建设者；党校是给党培养干部的，党校的理论教育是根本。"在党校从事理论教育工作，我经常思考，党校姓党，其实对从事马克思主义理论研究的研究者来讲，还有半句没说，说全了应该是党校姓党，名校。宣传话语体系是党校教学组织的表现形式之一，也是最表面的形式。党校肩负着干部培训、思想引领、智库建设的责任，在教学的两大模块中，理论教育是根本，党性教育是关键。尽管党校教育的培训特点之一是让教学内容渗透着宣讲，要把中央的最新精神和要求传达给各级领导干部。但校之为校，必须要有学理支撑的基础理论研究，加之以问题为导向的教学科研要求打通学科边界、进行综合集成的深入研究。如此党校才能在构建中国特色哲学社会科学理论和话语体系中走在前列，党校也才能够发声、才有更大的影响力。也唯有如此，我们才能站在时代的前沿与历史对话、与现实对话、与大众对话，才能有底气传道于党员干部。这是教学科研的根基，也是真正的以问题为导向的党校理论教育。今天，我们要深化马克思主义研究和

---

[1]《党的十九大报告辅导读本》编写组编：《党的十九大报告辅导读本》，人民出版社2017年版，第41页。

建设，加快构建中国特色哲学社会科学，加强中国特色新型智库建设，就必须坚持学术的高品质和坚实的根基，用跟得上时代步伐的马克思主义理论分析当代中国的现实。

在处级领导干部班每年为数不多的原著导读以及硕士研究生班课上，我与学员们讨论关于学马克思主义理论学什么？为什么学原著？我一直坚持一个看法：今天，共产党人重新重视"原原本本"学习马克思主义哲学原著，不是为了在文本中重温马克思的论述，而是要把蕴含在马克思主义哲学中的理论智慧转换为实践智慧。这种实践智慧的探索就在于发现制约当代中国发展的各个领域的规律，整合不同社会群体价值诉求，创新推动社会发展的新模式。我们学习经典，探索实践智慧就是为了厘清思想认识，发现真理，整合价值，创新模式，应对中国特色社会主义道路中产生的中国问题，探索中国模式。由此，以问题为导向的制度模式、政策模式、对策模式的设计常常是我在课堂内外讨论的问题。当我们思考以实践为首要观点的马克思主义哲学及当代面临着的新问题时，我们总看到：当以问题为导向寻求解决方案时，我们发现，它不是一个学科、一种理论能够解决的事情。也就是说，在实践中，当我们寻求解决方案时，我们是在追问"怎么办""怎么做"，这种追问不是一种面壁直观的理论追问，而是对一个建构性问题的追问。首先，怎么全面地看问题就需要一个整体的、视域融通的视角。现代西方哲学诠释学面对文本怎样才能得到一个完整、真实、正确的理解，伽达默尔的释义学认为，前见是历史赋予我们的生产性的积极因素，它给我们提供一种特殊的视域，我们是在前见赋予的历史性视域中，理解对象所传达出的意义的。在实践中，我们以问题为导向寻求解决之策的时候，面对的是以整体呈现出来的问题，解决方案该如何制订的问题。由此交融的视域是认识的前提，通过视域融通，打通理论的边界，对问题做跨学科研究、综合考虑。经过权衡利弊、从整体考量，从而择优选择应对办法。马克思主义哲学把唯物论与辩证法、唯物主义自然观和唯物主义历史观结合起来，构建辩证唯物主义和历史唯物主义的理论体系，从本质上讲，它本身就具有一种视域融通的开放视野。这种哲学立足现实的人的实践活动，解决人与世界的关系、人与自然的关系及人与人的关系。从理论层面讲，马克思主义哲学坚持唯物论与辩证法的统一，主张在实践进程中考察、回答哲学基本问题，即主张追问思维和存在何为第一性，回答人所面对的对象世界可知不可知，是真知还是谬误，都要回到实践场域中去找答案。这是它区别理论哲学的一个特点：从建构层面讲，马克思主义哲学的价值立场，彰显在以人民为本的党性与阶级性中，它主张在实践的进程中去发现"社会真理"，解决现代人所面临的社会矛盾如阶级对立、人的异化等问题，这个理论立场，让它与一般的社会建构论有所不同。总之，从实践出发解决人与世界的关系，在实践进程中克服二者间的矛盾，进而变革人们生活于其中的现实世界，是马克思主义哲学实现伟大变革的实质和关键，也是我们直面深化改革新任务，寻求解决之道的关键点。

在教学中，我深切地感受到，有学理支撑的理论探索是深受学员欢迎的，在交流中师生各有所长，相互学习是理论教育的关键。而这种有探索的见地都和我们团队多年来社会工程研究一致，由此，陆陆续续把原有的十几万字完善成为书稿，不足之处敬请学界同仁及广大读者批评指正。

周永红

2019 年 1 月

目 录

第一章 社会工程问题的提出 …………………………………… 1
    第一节 社会工程研究的兴起 ……………………………… 1
    第二节 社会工程研究的知识特征及方法 ………………… 11

第二章 实践物质观与社会工程 ……………………………… 26
    第一节 社会工程视野中的物质与实践的关系问题 ……… 26
    第二节 社会工程坚持实践物质观的理论立场 …………… 30

第三章 社会工程规律论 ……………………………………… 38
    第一节 社会规律与社会工程规律 ………………………… 38
    第二节 社会工程规律及其生成 …………………………… 48
    第三节 社会工程规律的表现及其特点 …………………… 53

第四章 社会工程价值论 ……………………………………… 62
    第一节 社会工程活动中价值问题的追问 ………………… 62
    第二节 社会工程活动中价值的本质及价值分歧与整合 … 71

第五章 社会工程模式论 ……………………………………… 75
    第一节 实践模式与社会工程模式问题的提出 …………… 75
    第二节 当代中国社会发展的现实问题急需社会工程模式研究 … 84
    第三节 社会工程模式设计的三维结构和要求 …………… 90
    第四节 社会秩序模式的自发形成和自觉建构 …………… 94
    第五节 掌政小型金融模式的社会工程分析 ……………… 97

第六章　社会工程研究坚持用学术讲问题 ……………………… 103

第一节　从社会工程方法看当前马克思主义理论研究 …………… 103
第二节　从社会工程视域看我国制造业工程演化及其新模式 …… 106
第三节　从社会工程思维看"四个全面"战略布局 ……………… 114
第四节　从社会工程视域看依法治国必须直面的几个问题 ……… 117

第七章　在建构中国特色社会主义哲学社会科学进程中坚定社会工程研究 …… 122

第一节　构建中国特色哲学社会科学是一个系统工程 …………… 122
第二节　以问题为导向的哲学社会科学研究社会工程研究已开先河 …… 126

后记 ……………………………………………………………………… 131

第一章 社会工程问题的提出

社会工程研究是中国特色社会主义建设内生性需求催生并推动的理论探索之一。改革开放以来，对怎样搞好社会主义建设的思考和探索实践，催生了社会工程研究的萌芽。同时，对中国特色社会主义道路的探索，推动了社会工程研究的深入发展。社会工程研究从建构层面反思、探索新的社会关系、社会事物的生成等视角出发，形成了其研究的实践论域。

第一节 社会工程研究的兴起

在以科学为理论支撑的领域，人们要创造一种新的社会事物，总是要经历从基础研究到工艺研发，再到批量生产的过程。其中，模式或模型设计是绕不过去的一个环节，就像不是每一种"概念车"都能成功面世、成为现实生活中的一辆车一样，从理念到设计再到生产要经历一个漫长的研发过程。而在社会科学领域，目前模式设计并不是一个能被广为接受的概念，且在更多的情况下，决策者在一定程度上缺乏模式的概念。由此，从理论到社会政策、对策的转换被一些西方学者称之为从意识形态到政策"致命的一跃"（salto mortale），它的合理性、科学性容易受到实证科学的质疑。哈耶克从批判建构论理性主义的学术立场出发，始终反对以理性计划为目的去实施"集权政治"的社会主义实践。在生命之烛趋于熄灭的岁月，他仍积极筹划批驳社会主义模式的国际论坛，并撰写了《致命的自负》的书稿。受某些社会主义模式的负面影响，在许多西方人眼里，社会主义就像是乔治·奥威尔笔下的《动物庄园》。[1]

---

[1] Ayres J. "George Orwell the Essayist: Literature, Politics and the Periodical Culture", *Prose Studies*, Vol. 34, No. 3, 2013, pp. 252-254.

改革开放以来，在社会主义建设实践中，由某些单一学科知识的结论直接推导出的社会政策、对策在应对社会问题时常常表现出水土不服或者食洋不化。唯物史观基本理论思想的现实运用在宏观、中观、微观层面①的断裂，导致马克思主义理论被边缘化，加之西方社会科学命题教条化、绝对化及哲学命题空洞化等现象，体现在社会科学研究和社会生活的许多方面，这些现象促使学者审视和反思中国的社会科学。其中，思考如何立足于我国实际，以一种理论自觉之精神，探索有独立学术品质，能够分析、应对发展中的中国面临的实际问题的社会科学研究方法，这是社会工程研究兴起的学术背景。在当代中国，中国特色社会主义理论体系的形成和发展，涵盖经济、政治、文化、社会、生态文明、党的建设等方面的全面深化改革，这是一项系统的社会工程。同时，对"时代课题"的回应、"中国模式"在国际上的备受关注等都在学理上对我们提出了社会工程的问题。从"大道至简"的中国特色社会主义理论到"还道以形"的不同领域和层面的社会主义建设实践，我们都不可避免地要面对诸多"怎么做"的社会工程理论与实践问题。以上实践的需求把马克思主义发展到一个新的历史阶段和新的思想境界，客观上也提出了马克思主义的社会工程理论与方法研究的问题。

在我国，社会工程建构的具体的社会关系是在马克思主义理论指导下进行的，中华人民共和国成立以来，尤其是改革开放 40 多年的实践，我们经历了一系列的社会工程活动，这些社会工程活动推动了马克思主义理论在新时代的发展。社会工程研究不仅是马克思主义理论创新的内在要求，也是马克思主义理论发展的一个新的增长点。

一、社会工程研究是马克思主义深入生活世界的社会科学研究方法

唯物史观基本理论在现实运用中遭遇的困境，促使我们在守正的同时必须创新，因此需要深入探索当代中国人生活世界的社会科学研究方法，社会工程研究就是其中之一。在传统的教科书体系中，唯物史观是马克思主义哲学的一部分，作为一种哲学历史观，常常面临来自理论和实践的双重挑战。有学者认为："一方面，我们把揭示历史的本质看作是唯物史观的当然权利和它对人类思想的巨大贡献，坚信以生产力和生产关系为主导的历史结构的普遍性和历史规律的不以人的意志为转移的客观性，但是另一方面，我们常常被问，也常常自问：作为一种历史哲学，或者作为一种哲学的历史观，唯物史观真的有权去触及历史的本质吗？它的这种权利从何而来？而且从实证主义的角度来看，历史本质的形而上学性质，注定了所有关于它的答案都是理论上的臆测和猜想，是无法得到来自经验和逻辑的实际支持的，唯物史观即使是敢于冒形而上学之险，它的结论的不可确证和不

---

① 指宏观社会模式、中观政策制度模式、微观具体工作对策模式。

可检验又如何能够保证它的科学性呢。"①实践中，人们必须面对的问题是：从马克思主义唯物史观视角看社会发展趋势，随着生产力和社会的发展，与之相契合的生产关系也要求变革，人的发展也逐步趋向全面和自由；社会生产力的提高，以及生产关系的不断调整也意味着人的逐步自由和解放。但是，如何建构一种生产关系才能与生产力的发展相适合，从而促进生产力的进一步发展、创建怎样的社会关系才能促进人的自由和解放，这些问题唯物史观并不能直接给出答案。在以往社会主义建设中的很长一个时期，由于社会科学理念滞后、学科发展水平不高，我们曾经一度只有马克思主义理论而没有社会科学，换言之，就是没有打造出立足本国实际，具有独立学术品质的社会科学和理论体系。这种状况致使实践中借以建构社会事物、社会关系的理论依据经常走偏：要么是从马克思主义基本理论出发找依据，要么是从西方社会科学的概念、体系出发去推演。前者从社会发展的最一般理论出发，把它浓缩到一个具体的节点上制定具体的社会政策，指导社会主义实践，使社会主义建设遭遇重大挫折，走了许多弯路；后者则用西方社会科学理论或者某单一学科基本理论之结论，制定对策指导社会改革和社会治理，结果是源于不同学科基本理论的方案和结论之间常常产生矛盾，在现实中难以取得预期的社会效果。西方实证主义等哲学流派正是基于此怀疑社会主义模式的合法性的。黑格尔在两百多年前曾说："假如一个民族觉得它的国家法学、它的情思、它的习惯和道德已变为无用时，是一件很可怪的事情；那么，当一个民族失去了它的形而上学，当从事于探讨自己的纯粹本质的精神，已经在民族中不真实存在时，这至少也同样是很可怪的。"②没有哲学社会科学指导下的对策不可避免地会陷入邯郸学步的尴尬境地，只有立足本国国情，紧跟国家与社会发展进程中的问题深入探索，才能提出合理有效的对策。社会工程研究正是中国学者用自己的学术工具研究中国问题的积极探索。

在生活层面，唯物史观蜕变成远离民众的生活世界的理论说教。受苏联教科书影响的马克思主义理论体系，唯物史观作为知识化了的哲学理论体系在思想政治教育、哲学等专业传播。在这种体系中，把历史唯物主义简单地归结为辩证唯物主义在社会领域中的运用，使原本马克思主义唯物史观所形成的历史观发生革命性变革，它所蕴含的立场、观点、方法被简单化了。这种对唯物史观的简单理解，不但没有真正体现其理论旨趣和价值立场的转换，也没有真正反映其与现实生活密切相关的真实逻辑。脱离了现实生活的理论体系传播出来的历史唯物主义变成了一种历史哲学知识。由此，它一方面割断了其与生活世界的内在关联而沦

---

① 旷三平、常晋芳编：《唯物史观前沿问题研究：现代哲学视域下的一种理论探索》，中国社会科学出版社2004年版，第243页。

②〔德〕黑格尔：《逻辑学》上，杨一之译，商务印书馆2014年版，第21页。

为一种牵强的理论说教，另一方面也造成现实中唯物史观理论命题被误读。这些误读有以下几种典型的表现。

1）把真理仅仅当作认识论的一个命题

在传统教科书体系中，把真理仅仅当作认识论的一个命题，认为真理是对客观事物及其规律的正确认识，这虽然没错，但这种界定是把真理看作外在于人的、与人无关的、纯粹客观的事物自身的属性，而实际上，正确的认识是整体呈现的，而不是抽象的在思维中实现所谓的主体与客体的"真之符合"。仅仅从认识论论域中界定真理，就把真理范畴置于实践范畴的对立面，不能真正在实践过程中去规定和检验。事实上，真理绝非只是一个认识论问题，"真之符合"的科学真理只是真理的一种类型，马克思主义理论中的真理不仅关涉认识，更注重认识之于实践的现实性问题，这是马克思主义实践性原则的内在要求。马克思在《关于费尔巴哈的提纲》中明确指出："人的思维是否具有客观的真理性，这不是一个理论的问题，而是一个实践的问题。人应该在实践中证明自己思维的真理性，即自己思维的现实性和力量，自己思维的此岸性。关于思维——离开实践的思维——的现实性或非现实性的争论，是一个纯粹经院哲学的问题。"①真理自身包含实践的内容。只有在改造世界的实践活动中，主观与客观的双向互动才能实现，思维和实践之间的对立才能得以化解。马克思批判蒲鲁东时指出："由于蒲鲁东先生把永恒观念、纯粹理性范畴放在一边，而把人和他们那种在他看来是这些范畴的运用的实践生活放在另一边，所以他自始就保持着生活和观念之间、灵魂和肉体之间的二元论——以许多形式重复表现出来的二元论。"②马克思在《1844年经济学哲学手稿》中明确指出，要克服二元论就要通过实践去完成，通过现实生活去化解。他说："主观主义和客观主义，唯灵主义和唯物主义，活动和受动，只是在社会状态中才失去它们彼此间的对立，从而失去它们作为这样的对立面的存在；我们看到，理论的对立本身的解决，只有通过实践方式，只有借助于人的实践力量，才是可能的；因此，这种对立的解决绝对不只是认识的任务，而是现实生活的任务。"③由此，每一个时代，人们在现实生活中的各种实践，包括科学实验、生产实践，也包括生产关系的生产，如调整人与人之间的关系以及人与自然之间的关系的社会政策、制度模式的设计、工程实践等活动都是证明思维真理性的主场。由此，真理并非只是一个认识论命题。

无视思维介入人的生活世界的实践性特点，仅就认识、逻辑来谈真理就会犯常识性错误。常识是对事物某些现象的归纳和概括，真理则是对事物各个侧面的认识、

---

① 《马克思恩格斯选集》第1卷，人民出版社2012年版，第137页。
② 《马克思恩格斯文集》第10卷，人民出版社2009年版，第52页。
③ 《马克思恩格斯文集》第1卷，人民出版社2009年版，第192页。

各个个别特性的认识的具体综合，是对事物运动变化规律的反映，并不是简单的体现在某一方面、侧面的认识与现象的"真之符合"。如果只抽取人认识中的一个侧面把它当成真理，那就是恩格斯早就批判过的"对极简单的事物使用大字眼"[①]。恩格斯在《反杜林论》中，明确地对以一些简单事例作为永恒真理存在的论据进行了驳斥，如二乘二等于四、三角形内角和等于两个直角、巴黎在法国、人不吃饭就会饿死等。这些判断虽然是不可否认的事实，但是不能把它们当作永恒真理存在的依据。它们有的是数学中的公理、有的是空间关系的事实判断，这些正确的认识只是一定条件下的相对真理，还不是体现事物运动变化规律的真理性认识。诸如此类的例子在生活中不胜枚举，但它们只是反映了与真理内涵相关的一部分内容。

2）把具体事物、政策模式当作真理

具体的社会事物、政策模式只是在真理性认识的引导下，对事物实现的可能性和现实性的实现形式的一种模式探索。既然是模式，就是人设计的结果，必然关涉到设计者对规律的认识、主体立场、价值旨归、客观条件所允许的兑现约束等。因此，作为一种应对现实问题的对策性方案在实践中有可能成功也有可能失败，而失败是模式的失败，不能完全归结为理论体系本身真理性的失效。把模式当成真理的思维诱发了以模式的失败直接否定理论真理性的倾向。

3）把政策当作理论

社会主义市场经济条件下，实行按劳分配和按生产要素分配相结合的分配方式，这是一种分配政策，而不是马克思主义理论本身。这种政策是社会主义市场经济条件下分配政策形式的一种，是一定阶段政策层面的制度模式设计。因此，如果把政策文本当作理论文本，就混淆了理论层面和建构层面问题域的界定。

以上几种对唯物史观理论命题的常识性解读，曲解了马克思主义唯物史观的精神，削弱了马克思主义理论与现实紧密相连的内在联系，导致其自身包括马克思主义理论被边缘化、抽象化。与此同时，在社会研究领域过分依靠或直接借助西方社会科学理论分析中国现实问题的倾向，则助推了西方社会科学命题的泛化、普遍化。

针对上述问题，有两点必须澄清：第一，需要分清唯物史观和历史哲学的关系。马克思主义唯物史观既是一种科学的历史观，也是研究历史的方法论。作为一种科学的历史观，它不是揭示"一般发展道路的历史哲学理论"[②]，而是发现了社会规律，揭示历史发展的总趋势，它并不明示一切民族无论它们所处的历史环境如何都注定要走的道路。马克思明确指出，在不同的历史环境、机会和情境中，社会发展的具体模式及发展具体道路的抉择会呈现不同的可能性。"极为相似的事

[①]《马克思恩格斯选集》第3卷，人民出版社2012年版，第464页。
[②]《马克思恩格斯选集》第3卷，人民出版社2012年版，第730页。

变发生在不同的历史环境中就引起了完全不同的结果"①,"如果俄国继续走它在1861年所开始走的道路,那它将会失去当时历史所能提供给一个民族最好的机会,而遭受资本主义制度所带来的一切灾难性的波折"②。唯物史观确立的唯物主义立场是无产阶级创造历史的理论指导,作为一种研究历史的科学方法论,唯物史观对我们研究历史及建构具体社会模式具有指导作用。把这种历史观所倡导的价值旨趣、理论立场融入具体社会模式的建构中去,就是探索社会模式建构和转化的规律。对此,我们只有正确认识马克思主义唯物史观与历史哲学的区别和联系,才能真正阐明它的超越意义,才能进一步推进马克思主义理论创新。第二,马克思主义唯物史观给我们的启示是:社会主义建设需要科学的历史观,更需要建构立足于本国实际的社会科学理论,引导社会建设活动,社会工程研究正是基于这种需求应运而生的。改革开放以来,我们坚持社会主义、坚持改革开放,走出了一条中国特色的社会主义道路,这条道路的探索在实践中提出了一系列马克思主义的社会工程理论和实践问题,如提出了区分社会规律与社会模式的社会工程问题、区分存在性规律和建构性规律的社会工程问题、区分社会政策模式设计及综合集成的社会工程问题③、区分科学思维与社会科学思维的社会工程问题。以上区分源于对不同层次的社会发展问题的思考。对于社会规律与社会政策模式的区分而言,社会规律是社会发展的一般趋势和必然方向的反映,具有客观性和相对稳定性;社会政策模式是社会主体基于对社会规律认识的基础上,将主体的目的、价值立场等考量因素与具体情境相结合并实现于设计过程和结果中,就其遵循社会规律及实施过程中各个相关因素间形成的制约性而言,具有客观性;就其表征的主体价值立场和抉择而言,又承载着人的目的与意志,显现出其主观性的特点。同时,社会政策模式以有效、实用为最终目的,以解决社会发展中紧急而又迫切的社会问题为指向,有实用、灵活、变通等特点。所以,社会规律不是社会政策,对社会规律存在性的把握,并不意味着能够制定出合理有效的社会政策模式。在社会主义建设过程中区分社会规律与社会政策模式,就是要在明确把握社会发展趋势的前提下,探索制定切实可行的社会政策模式,促进社会发展。社会工程研究把历史观层面的社会规律的研究推进到社会政策模式层面,并以社会政策模式设计的方法论和基础理论作为研究问题的基本依据。由此,社会工程研究既是源于社会主义建设实践的理论创新,它也会对社会主义建设实践发挥指导作用。一方面,社会工程研究为中国模式的探索提供坚实的学理基础。它融通学科、理论与实践边界,用视域融通的方法研究社会模式的转化与建构规律,可以

---

① 《马克思恩格斯选集》第3卷,人民出版社2012年版,第730页。
② 《马克思恩格斯选集》第3卷,人民出版社1995年版,第340页。
③ 陈建兵:《中国模式与社会工程研究的兴起》,《西安交通大学学报(社会科学版)》2011年第1期,第84—87页。

使我们更加自觉地探索和完善中国模式。另一方面，社会工程研究从学理上凝练社会政策设计与制定的一般理念、思维、准则，评估其地位和价值，并把它们作为社会政策设计与制定的基础理论应用到实践中，以期最大限度地避免社会政策设计与制定的偏差和失误。在这个意义上，社会工程研究彰显了当代学者在社会科学研究中的理论自觉与自信，它将使中国特色社会主义建设在政策设计与制定上降低失误的概率和减少代价的付出，推动中国模式的进一步完善。

二、社会工程研究是马克思主义理论发展的一个新的生长点

党的十八大以来，以深化改革部署的战略抉择为契机，面对政治、经济、文化、社会、环境、党的建设等方面的全面深化改革这项新的社会工程，完善和发展中国特色社会主义制度的重点是要探索怎么改？怎么做？在党的十九大报告中，习近平同志也讲，十八大以来，国内外形势的新变化和我国各项事业的发展都给我们提出了一个重大的时代课题，即"必须从理论和实践结合上系统回答在新时代条件下坚持和发展什么样的中国特色社会主义、怎样坚持和发展中国特色社会主义"[1]。反思中国特色社会主义走过的艰苦历程，应该对我们走过、正在走、继续走的中国特色社会主义道路作出阶段性理论概括和总结。这个时代命题问的不是何为社会主义的本体论追问，而是在全面建设社会主义现代化强国的新时代，坚持和发展中国特色社会主义该怎么办的问题，是一个实践智慧的现实追问，其本质是中国特色社会主义模式探索问题。要回答中国特色社会主义的总目标、总任务、总体布局、战略布局怎么设计、发展方向发展方式怎么选择、发展动力如何激发、战略步骤如何布局、外部条件怎么创造、政治保证如何实现的问题，这不是一个面壁直观的理论追问，而是一个建构性命题的现实追问，即新时代坚持和发展中国特色社会主义的基本方略在中国大地落地生根的问题。由此，中国特色社会主义制度的、具体的改革模式的探索、时代课题的回应是新时代进一步深化改革的关键。从宏观的中国特色社会主义理论到具体的社会主义建设活动，我们都要面对诸多建构层面的社会工程的理论和实践问题。因此，社会工程是马克思主义理论视域中的一个重要问题，是马克思主义理论发展的一个新的生长点。

1）社会工程研究有利于推进马克思主义理论创新

社会工程把马克思主义的立场、观点、方法融入具体社会模式的建构中，不断推进马克思主义理论创新。社会工程是面对中国特色社会主义建设中的具体问题，循着马克思主义理论与现实生活的内在逻辑，探索其理论与当代人鲜活的生活世界相结合的节点和途径发展起来的，它把唯物史观融入与民众生活息息相关的制度性事实的建构中。马克思主义的唯物史观就其"本质而言乃是一种科学的

---

[1]《党的十九大报告辅导读本》编写组编：《党的十九大报告辅导读本》，人民出版社2017年版，第18页。

'历史观',那么也就必然要对一系列与历史相关的问题做出具体的回答:即'谁'在观:观之主体;观什么:'观'谁的生活世界(的问题);'为谁'而观:价值立场;如何观:方法论原则;为何观:理论目的或理论旨趣,以及观历史的前提等,这些问题构成了马克思科学历史观的基本内容与基本理论。对这几个相互关联着的问题的具体回答,必然会凸显马克思历史观与现实之间内在的血肉关联"[1]。这种关联最为直接的现实表现之一就体现在具体制度性事实和社会事物的建构中。社会工程就是抓住了与人的生存发展最为密切相关的制度性事实、社会事物模式建构这个切入点,把马克思主义理论对现实的关怀落实在与民众生活息息相关的社会建设中,使理论走深走实,渗透于生活世界。只有把马克思主义的立场、观点、方法、价值主张融入社会制度模式、政策模式之中,才能贴近民众、深入人心;民众也是从身处其中的政策、制度中感受马克思主义理论的现实关怀的。一种社会制度、政策的出台,我们从它的受益主体、价值排序判断其价值立场;看它是否有利于生产力与生产关系的适合,从人的发展与社会发展的相互作用判断其是否符合社会发展规律,从它在社会发展过程中时空节点择取上判断它出场的合理性。

2)社会工程研究有利于深化马克思主义社会发展理论研究的深度

社会工程研究区分了社会规律和社会工程规律[2],拓展了马克思主义社会发展理论研究的深度。社会发展规律与社会革命的关系是人们比较熟悉的,但社会发展规律与社会模式的关系是马克思主义理论在新时代面临的新课题。社会工程研究就是把社会主义建设规律的研究具体化,研究社会规律与社会模式的关系,研究具体模式建构过程中的规律性问题。社会主义建设规律就是社会模式评价、论证、创新和更新的规律问题,社会工程研究深化了我们对规律的深层认识。

3)社会工程思维是马克思主义思维方式转变的重要环节

思维方式的转变决定着人的行动的方向。正如亚历山大挥向"戈耳狄俄斯之结"的利剑开启了他奠基亚非欧超级帝国的根基,马克思主义思维方式转变的重要环节由革命思维、运动思维转向建构型思维,才开启了建设新世界和进行社会主义建设的探索进程,这一思维方式的转变是建设社会主义的思想先导。社会工程学为马克思主义关于历史选择性与主体创造性研究提供了广阔的生长空间与展现舞台,丰富了马克思主义的主体能动性思想。[3]今天,我们反思改革开放以来的经验,立足于全面深化改革的关键期,更要发挥主体的能动性,思索社会主义建

---

[1] 杨楹:《马克思生活哲学的出场、实质及其意义》,《学术研究》2013年第3期,第7页。

[2] 王宏波、杨建科、周永红:《社会工程是马克思主义理论的社会应用形式》,《马克思主义研究》2009年第12期,第34—41页。

[3] 李永胜:《社会工程是马克思主义理论研究的新领域》,《西安交通大学学报(社会科学版)》2011年第1期,第74页。

设规律，探索体现中国特色社会主义理论、道路的制度模式。这正是社会工程活动的意义所在。

三、社会工程活动的本体论意义

在社会世界才有关于意义问题的本体论追问，而意义追问也是社会世界与自然界的本质区别。社会工程把马克思主义的主体价值立场和主张融入制度性事实的建构，创造了一个人所特有的意义世界，即由制度性事实构成的世界。

社会工程活动的基本结构更能体现改造社会世界的实践的双向互动的本质特征。社会工程是人类社会活动的基本类型[①]，社会工程活动是集跨学科的、综合性知识于一体的建构社会关系的活动，体现了社会实践与认知的基本联系，实现了社会实践的科学性基础和价值导向的统一，它把物理世界及意义世界的关联展示在制度性事实的建构中，把关于世界的各种科学知识与人的价值立场融入改造社会世界的实践活动中，不但预示未来社会关系、社会事物发展的方向，还孕育、创造着未来制度性事实、社会事物可能的形态。它在建构和创新中改变着人们身处其中的社会世界。一个新的制度性事实从无到有的过程就是社会工程活动过程。科学包括社会科学不断地发现新知识，也包括社会工程不断地建构和创造新的制度性事实。前者追问，人类的新知识何以可能？与此对应，社会工程回答社会中制度性事实、社会事物何以可能？

传统的本体论如海德格尔所言的，视存在为存在者，从存在者出发追问世界的本原是什么？追问终极存在的终极根源，这种追问是从既有的存在者自身追问存在的根据。在哲学史上，对此问题的追问形成了四种思维进路：第一，到存在者之外寻找存在的根据，即"上帝"之说；第二，从存在者自身的普遍属性出发寻找存在的根据、万物的本原，如古希腊人用"火""水"等实物、中国人用五行之说、近代欧洲人用"原子"等说明存在者；第三，从与存在对立的思维说明存在者，出现了绝对理性的观念；第四，悬置思维与存在的关系，从此在或人（人的生存）出发研究存在者。海德格尔从生存论理论视角提出了基本本体论，指出存在不是存在者，存在是存在者之所以存在的根据。他把哲学研究的世界理解为与人之生存融为一体的存在者的总体，从此在与他人、他物的关系中考察存在者未来的变化，开启了现代哲学的新起点。卢卡奇从劳动出发试图寻求社会世界的本体论。相比较而言，马克思主义从思维与存在对立统一的角度说明存在者，开启了实践论基础上的存在论追问的现代哲学反思，这既是认识论意义的存在论说明，也是实践论意义的说明。但是，传统教科书体系传播出来的认识论意义的说明和实践论意义的说明并没有实

[①] 王宏波：《论社会工程学的意义、内容与学科特征》，《西安交通大学学报（社会科学版）》2011 年第 1 期，第 65 页。

现内在的统一。这种现象之所以出现，是因为教科书体系式哲学在概括经验材料的时候，只注意到作为人认识和改造对象的本体论特点，而没有注意到与人融为一体的对象的生成论特点；只注意科学现象，忽略了工程现象。马克思在《关于费尔巴哈的提纲》中提出了实践概念，并且在《德意志意识形态》中贯彻了这一思想，但其主要是从历史实践和社会实践的层面进行了展开，在涉及社会实践具体形式时，主要是劳动、生产、科学等类型，还没涉及工程。恩格斯在《路德维希·费尔巴哈和德国古典哲学的终结》中提到工业的作用时，也是从认识论的角度出发，以工业实践批判不可知论，未涉及工业的实质结构及工程技术活动因"主体""人"的介入而展现的生成论的特点。因此，马克思和恩格斯提出并论证了实践概念及其对于哲学变革的意义，但有待从实践的典型形态上进一步解析实践，所以当其展开实践的革命性和批判性的同时，遮蔽了实践的建构性；当其在充分展开主体与客体辩证法的同时，忽视了实践的建构性特点，淡化了人与世界的关系，在建构具体社会关系形式时只是用人的主观能动性揭示社会模式的生成。

社会工程的基本问题紧紧围绕人、自然世界、社会世界的关系研究人与世界、人与人的关系。它主要研究"制度性存在"何以可能的问题。社会工程直指社会关系的模式探索问题，实现"要把既有的……改变成……"等一系列与未来相关的目标和意指。社会工程创造出来的制度性事实是人的存在、自然存在与社会存在的交集和焦点。它探索社会世界中未来的存在与现实存在的关系问题。哲学研究如果只关注当下的存在问题，只从当下的存在者出发追问存在的本质，那么，这种追问仍然停留于只追问世界从何而来及再往何处去的问题或者存在者的过程性和发展性问题就被排除在存在论之外，这显然落入现代哲学关注人之生存的哲学立场。在人的生存问题、环境问题日益突出的当代，哲学不仅是反思，更是通过反思正视社会发展中的过程性、发展性问题，进而为建构一个更美好的世界做出应有的贡献。所以，社会工程提出的未来制度性事实建构过程中的模式生成问题，是哲学研究必须面对的一个重要方面。我们对未来制度性事实如何存在的思考，提出了人与存在的关系、物质与实践的关系等问题。因为未来的存在不是当下的存在，"未来的存在"存在于人的建构活动中，它的具体样态是"尚未的"，但因为它与人的存在密切相关，人的价值主张和立场及它实现的可能性，决定了人选择其实现形式的模式，正是人的选择才延续了当下的存在，才推动了未来的发展。这是关于存在论的一种新表述或说是一个新问题。社会工程活动对于本体论或存在论的意义即探索了制度性事实的模式生成问题。社会工程活动的本质特征是要创造一个现实中不曾存在的新的制度性事实或社会事实，这正是人类活动的深层特点，是关系到一切个人深层活动的特点。

所以，从社会工程的视角看，哲学的思考和发展不是消解本体论思维，而是转换了本体论思维的方式和内容。如果从马克思主义哲学思维的视角分析，应当从思维和存在关系的认识论解读,转换为存在的发展与变革的本体论解读,这种解读应当是人的世界、自然的世界、社会的世界交互一体的发展和创新。这正体现了马克思主义哲学的立场即解释世界固然重要,更重要的是改变世界。我们需要改变世界的哲学,而改变世界的哲学不能不讨论新旧世界的关系问题、现实存在与未来存在的关系问题。社会工程学正是直面现代社会发展中这一不可回避的问题——未来的制度性事实何以可能、如何可能的问题。这是社会工程活动之于哲学本体论思考的意义。

第二节 社会工程研究的知识特征及方法

社会工程是以解决社会问题为导向变革社会关系结构的社会活动。改造社会关系的价值指向引领着其思维的目的,而目的又制约着思维并渗透于建构活动全过程。由此,社会工程是实践思维的表现形式之一。

一、社会工程研究的知识特征

社会工程研究是运用整体的、视域融通的方法研究在"社会变结构"中构建合理有效的社会关系的学问[①],旨在把中国特色社会主义道路、理论映现在制度模式上。社会工程研究的社会关系是社会需要建构的社会关系,其着力点与传统的社会学研究的社会关系处于不同的层面。在既有的研究社会关系的学科中,无论是宏观制度、中观政策还是微观对策,无论是理论、方法还是应用,其所涉及的焦点从知识特点上讲,是解释既有制度性事实、社会事实或社会现象背后的规律,其研究结果都表现为提出解释性命题;而社会工程更注重制度性事实生成的探索与模式设计。现代社会学理论在秉承前人理论的基础上向前推进,产生了结构功能主义、现代冲突理论、符号互动论等理论流派。不可否认,解释性命题表述了社会现象之间的因果关系,是对现存的社会现象和既有的制度性事实的描述与反映,但它们只是表达了社会整体结构当中某个层面、某个方面、某类因素的规律性特征,而关于新的社会关系、制度性事实的生成问题在学理中是缺位的。解释社会固然重要,创造更美好的新世界还需指向未来的学问,对制度性事实生成的研究是社会学研究无法回避的问题。检视现有学科对社会关系的研究,我们可以发现,相关文献对已经衰亡的和发展中的社会关系研究较多,而很少提及社会需求的社会关系;对既成的社会关系研究较多,但缺乏对要建构的社会关系的研究。

针对以上现状,社会工程理论应重在对将要建构的社会关系进行动态研究,

---

① 王宏波:《工程哲学与社会工程》,中国社会科学出版社 2006 年版,第 199 页。

探讨制度性事实或社会现象模式的生成、运行和转化。它认为社会模式、规制、规则等基本制度性事实既非从来就有，也非永存不灭，它们有生、有续、有变、有衰、有灭是一个动态变化过程，是人们在社会生活中建构的，也是社会生成的。随着社会发展复杂性的加剧，这些制度性事实的建构对社会现状及未来发展至关重要，社会变迁过程的实质就是新的制度性事实的生成过程。社会工程研究借工程思维通道融通了社会科学思维与自然科学思维的学科界限，在社会模式建构中贯彻了实践思维的主旨，是指导人们解决社会问题、改造与建设社会的学问。

自然科学应用经历了由理科到工科、由基础理论到工艺研发的历程，在社会科学领域也需要发展和研究以模式设计为核心的社会工程理论与方法，来指导社会实践。正如乔纳森·特纳所说，工程思想是社会学之翼，所有成功的科学都有工程实践，没理由说社会学在这个意义上就成功不了。[1]社会工程研究就是为解决复杂境遇下的社会问题提供理论与方法，其本质是研究建构层面社会关系生成问题。

社会工程研究以综合集成的思维和跨学科的理论视域，突破了学科范式的藩篱和学科的界限，是一种视域融通的研究方法。一般社会科学理论都有自身特有的范畴、逻辑、研究方法，体现为知识体系完善、界限分明。这对训练人的思维、打牢专业基础至关重要，但却是我们从整体角度认识和改造社会世界的一道壁垒。特别是在社会政策研究中，针对具体问题的对策探索，学者常常感到困惑："政策过程的研究需要跨学科的理论知识，但目前有关政策问题的研究主要还是分散在各个学科之内按照不同的语言体系独自展开，还明显缺乏学科之间的沟通和对话。"[2]社会工程研究恰恰是融通了这种界限，开启了一个多学科知识相融合共同应对社会问题的学术领域。

在复杂社会情境中，政策、制度间的相互作用有时就如"蝴蝶效应"，一项经济制度的实施需要政治制度相配合，社会生活中的某些变动会波及经济制度或政治制度的调整。表现在社会生活中，比如，现实中要维持社会秩序的稳定，一种新制度的推行需要其他辅助政策配合，包括非制度化的组织、习俗、传统等，弥补制度漏洞可能带来的社会关系不协调等问题，使人们适应新要求，进而维护社会稳定；一种旧制度的终结需要过渡政策辅助以使社会有序过渡。因此，研究制度间相互联系的方式就需要从总体上着眼。

随着社会发展复杂性程度的加深，社会系统的不同层面、不同要素之间的交

---

[1] Turner J H, "Social Engineering: Is This Really As Bad As It Sounds?" *Sociological Practice*: *A Journal of Clinical and Applied Sociology*, Vol. 3, No. 2, 2001, pp. 143-147.

[2] 赵德余：《政策制定的逻辑：经验与解释》，上海人民出版社2010年版，第2页。

互作用更为复杂，社会治理面临的问题也凸显出复杂性、综合性交织等特点。因此，研究社会关系模式建构及运行机制设计，需要引入社会工程的思维方式和方法进行综合性研究与协调性设计，只有这样才能适应复杂情境下应对社会治理问题、改造与建设社会的需要。社会问题源于社会约束条件变化引起的制度需求和制度供给之间的矛盾，或者是现有制度之间产生了冲突，所以制度模式的再设计就是要弥合制度之间的裂痕，使之重新协调，这就必然关乎不同领域规律的协调、不同主体价值的整合、不同情境下方案的抉择。这种以社会现实问题为导向的研究必然要突破范式的藩篱与学科的界限，以综合集成分析方法为核心，以跨学科研究为特点，设计应对方案，择优、择效选取对策模式。

视域融通的研究方法主要包括关联分析方法与综合集成分析方法。

首先，关联分析方法。社会工程研究在复杂的社会背景下，影响社会模式形成和转化的因素。在众多关系杂糅的环境中，影响社会模式建构的各种关系是相互作用、相互影响、相互协调与相互约束的，当某一方面的性质、特点和功能发生变化时，其自身及与此关联的众多领域、要素联动的状况，以及对新的社会事物实现形态都会有一定的影响。关联分析就是揭示社会工程活动中各要素之间的联动规律和整体规律。

其次，综合集成分析方法。社会工程研究需要运用众多学科、领域知识以亟待解决的社会问题为目标，研究集结在一个设计空间的多种规律的互动与约束、多重价值的分歧与整合、多种情境下制度性事实模式的择取问题。综合集成分析既是它的思维特点也是重要的研究方法特征。具体讲，它不是把人文科学、社会科学、自然科学的知识与技术进行简单的嫁接，而是根据社会工程的设计理念，在整合知识和技术的基础上对各种知识的结合进行重构，进行新社会关系的实现形式探索。

二、社会工程的核心概念及其特点

（一）界定社会工程的理论视角及核心概念

社会工程是以解决社会问题为导向变革社会关系结构的社会活动。虽然社会工程已经成为一个日常用语和媒体语言中的热点词，但是在学术论域中将工程问题与社会问题联系起来，一直争论不休。对于社会工程的意义和作用，人们在思想上也往往存在两种误读，表现出两种极端看法：一种是激烈反对。一些人认为没有社会工程，谈到工程就只有自然工程，如建桥、修坝、盖房子这是工程活动，其活动结果就是自然工程；社会是不能用工程方法对待的，因为社会是由人与人之间的关系构成的，构成社会主体的人有知、情、意的差异，存在兴趣、爱好、个性、心理的不同，不能用工程的方法进行分析。人的发展是循着天性、自由的意愿、在不同的环境约束下展开，不能用工程的方法来设计。还有人认为，工程与社会科学之间存在巨大差异，对社会科学来说，应该发展一种有用的、经验基础上的理论来应对社会科学学科面临的独特的问题。另一种是泛工程论提法，对任何社会事物都冠之以社会工程。从国家的大政方针到街道、社区的规划，从各大媒体的宣传到乡间小巷的口号、标语，大小事情都纷纷冠以社会工程之名。以上两种看法均有些片面，作为社会科学的一个学科及改革、建设社会的活动的社会工程，其含义有特定的学科界限。

社会工程是一个舶来概念，英文是"social engineering"，翻译成汉语有两种译法：一种译为社会工程，另一种译为社交工程，后者在网络用语中比较常见。《牛津高阶英汉双解词典》的解释是"社会工程是根据政治信念改造社会的企图，比如通过改变法律试图改变社会和处理社会问题"①，无论是译为社会工程还是译为社交工程，它强调的是社会工程实践思维的特点，是作为"一个系统的方法"②、为达成人的意向所采取的一切关涉群体、整体谋划的权衡思想或活动。福山把社会工程视为正式法律、宪法等理性的"用于指导社会的所有尝试"③；斯科特把试图改善人类状况的项目称为社会工程④。

网络中的社交工程之所以能够成功获取个人敏感信息、实施"钓鱼"计划、进行人肉搜索，是因为它借助信息平台实现系统分析、达到精准计算。社会工程的这一特点催生了针对社交网络时代"有效减轻风险"⑤的社会工程应用研究。

在市场竞争中，社会工程改变了传统市场调研、销售、竞争、售后服务等所惯用的一般营销方法。社会工程思想被运用到市场营销中，成为应对"社会市场"⑥的一种营销方式。也就是在市场营销中，把系统思维、整体方法应用到市场策略中，开发"更为有效的社会市场策略"⑦。社会市场是"当代市场实践

---

① 〔英〕霍思比：《牛津高阶英汉双解词典》第六版，李旭影，等译，牛津大学出版社、商务印书馆 2004年版，第 1667 页。

② Ann-Marie,"Andrew Parsons: Macro-social Marketing and Social Engineering: a System Approach", *Journal of Social Marketing*, Vol. 2, 2012, pp. 37-51.

③ 〔美〕弗朗西斯·福山：《大分裂：人类本性与社会秩序的重建》，刘榜离译，中国社会科学出版社 2002 年版，第 194 页。

④ 〔美〕詹姆斯·C. 斯科特：《国家的视角：那些试图改善人类状况的项目是如何失败的》，王晓毅译，社会科学文献出版社 2004 年版。

⑤ Gulenko I, "Social Against Social: Concet and Development of a Facebook Application to Raise Security and Risk Awareness", *Information Management &Computer Security*, Vol. 21, No. 2, 2013, pp. 91-101.

⑥ Tompson, "A Parsons Social Engineering and Social Marketing: Why is One Good and the Other Bad", *Micromarketing Conference Proceedings*, No. 6, 2009, pp. 4-7.

⑦ Wymerw,"Developing More Effective Social Marketing Strategies", *Journal of Social Marketing*, Vol. 1, No. 1 2011, pp. 17-31.

分类体系"①的一种形式。社会市场观念的树立，重新建构了原有的营销、服务模式，把传统的一次性买卖关系转换成一站式服务。这种新模式已成为商业品牌竞争、行业竞争及未来发展必须抢占的制高点。

社会工程在网络安全、市场营销等方面的应用给我们的启示：社会工程不仅仅是一个系统分析方法的纯技术使用，更不仅仅是把技术控制在屈从人类本性的范围内，成功的营销模式是把人们对品牌的认同、消费习惯等价值要素融入模式设计中。在社会事物、制度性事实建构中，我们如何把技术的和社会的因素结合起来是我们提高社会工程的有效性、定位社会工程的另一思路。

1. 技术理解与社会理解性相统一的社会工程

作为社会科学研究方向与方法的社会工程研究是在 20 世纪 80 年代以后，随着发展理论研究方法逐渐趋于向综合性转变的背景下产生和发展起来的。改革开放以来，发展理论的研究开始向整体性方向聚焦，综合性研究亦受到重视。在全球化进程中，社会发展的复杂性使社会生活中任何一个比较重大的现实问题都不能仅仅依靠一个学科来把握和解决，各学科必须通力合作，联合攻关。因此，从单一、分化走向统一、综合，是理论发展的必然趋势。正是适应这一趋势，我国的发展研究逐渐趋于综合性，如经济学正在加强对政治、文化、伦理等非经济因素的研究，制度经济学已经与社会学、法学相当接近，社会学已经把经济、文化、历史、法律等因素纳入视野之中，哲学也把上述因素作为研究的对象。随着综合趋势的形成，发展研究的层次自然也在上升，这就突出了发展哲学的地位，因为许多综合性、宏观性的问题需要从哲学观上予以审视和理解。②

社会工程研究也属于这种发展研究方向的一部分。不同的是，它超越了引入译著、借用其他学科范式研究问题的治学思路，构建了以问题为导向、视域融通的研究范式。从这个角度讲，社会工程研究是当代学者面对社会发展的复杂态势，在探索解决中国社会问题的过程中展现的理论自觉和理论自信的表现。社会工程以社会发展中的模式设计为核心，是关于具体的社会关系实现形式和设计、实施的社会活动。一般地说，社会关系具体表现为社会政策、法律、法规等社会的规则系统。社会工程是把发现社会的原因和创造社会模式的知识结合起来，把理解社会的智慧和实践社会的智慧结合起来，探索解决社会问题的方法和途径，因此它是推动社会发展的一种重要的实践活动形式。如果从学理角度考察社会工程，我们认为它是研究社会规则系统的设计与实施的规律和方法的理论，是一门新兴

---

① Chreim D, "Social Marketing: Implications for Contemporary Marketing Practices Classification Scheme", *Journal of Business and Industrial Marketing*, Vol. 23, No. 2, 2008, pp. 135-141.

② 丰子义：《发展的呼唤与回应：哲学视野中的社会发展》，北京师范大学出版社 2009 年版，第 15 页。

的社会科学应用基础的学问。①

　　改革开放以来，我国学者坚持马克思主义唯物史观基本思想，承接社会工程研究的丰硕成果，总结、学习国内外社会工程学科的发展经验，在中国特色社会主义实践中探索了一种跨学科、综合集成的社会科学研究方法。前文提到，对社会工程的理解有技术理解的社会工程、社会理解的社会工程等，二者在社会管理、社会建设等方面都提出了很多有借鉴意义的理论。技术理解的社会工程为我们正确理解社会系统本身的复杂性提供了科学的依据，社会理解的社会工程为我们理解不同社会领域、层面、要素之间相互制约、相互影响的关系提供了新的思路。在社会主义建设过程中，把二者统一起来理解社会工程更能够促进科学方法与人文关怀的深度融合，使设计出的社会制度模式、社会政策模式更能够有效发挥作用。为此，要把理论研究导向和实践研究取向结合起来，把技术理解的社会工程与社会理解的社会工程结合起来。因此，社会工程研究把系统工程的理论和方法与社会科学的理论和方法相结合，把事实研究与价值研究相结合，把理论研究和实证研究相结合，把定性研究与定量分析相结合，把模型分析与实验、调查研究相结合，把历史研究、现实研究和未来研究相结合，把理论分析与模式设计相结合。这种研究方法开创了集综合性、整体性、过程性研究于一体的社会工程研究的新路向。

　　改革开放之初，钱学森倡导的"组织和管理社会主义建设的技术"②的社会工程把社会工程定位在宏观社会管理的层面上，重点思考国家发展问题，如国家经济发展问题、国家经济计划宏观筹划等问题。他主张对关乎国家发展的宏观规划、经济发展等重大问题，必须把它们看成一个社会工程。他从社会系统工程角度把社会工程界定为对宏观社会总体进行组织管理的技术。在钱学森看来，社会工程是系统工程范围的技术，它涵盖的范围更广泛，比一般系统工程更为复杂，是包括整个社会的巨系统的组织、管理问题。组织管理社会的前提是提出社会的发展目标和根据，制定更具体的政策、组织原则和法规。所以，他认为组织和管理社会主义建设需要社会工程，社会工程从系统工程发展而来，是面对整个社会、整个国家的发展处理范围更广阔和复杂程度更高的社会系统工程问题。社会工程工作者要掌握好现代科学发展的规律和社会发展规律，同时以社会情报与信息系统为支撑，进行社会的组织和管理研究。钱学森把系统思想运用于社会主义建设，强调社会工程既要有深谙系统和复杂理论的专家参与，还要有社会科学专家参与，社会问题的解决要由这两类专家联合作业。可见，他所倡导的社会工程主要侧重于从技术层面去理解。虽然他也强调了社会管理、社会科学家的作用，但是，他倡导的社会工程的总基调是一

---

①　王宏波、周永红：《社会工程是新兴的综合性知识应用活动》，《西安交通大学学报（社会科学版）》2009年第6期，第64页。

②　上海交通大学钱学森研究中心：《智慧的钥匙：钱学森论系统科学》，上海交通大学出版社2015年版，第199页。

种系统科学和系统工程的理论与方法。所以,他把社会工程称作组织管理社会主义建设的技术。在技术理解的社会工程论域中,对社会关系的发现和建构、社会规则系统的形成、社会模式的设计与转换等问题关注较少,而更多关注的是国家计划、发展目标的科学性问题。强调要在国家计划、发展目标的制定上使用系统工程的理论和方法。所以,我们称这种社会工程是技术理解的社会工程。

社会理解的社会工程重点研究人类社会生活所赖以存在的社会规则系统,这种规则系统是各种政治、经济和文化制度相互交织所形成的社会结构中的规则系统。譬如某一种政治制度的形式常和某一经济制度的形式相配合;又譬如在宗教制度中发生了某种变动会在政治或某一经济制度或政治制度中发生影响。社会学研究各个制度的相互联系的方式,可以从总体上研究社会结构的模式。[①]社会理解的社会工程把社会关系结构理解为一种变化的量,认为社会工程是建构各种具体社会关系形式的过程和结果。社会关系可分为一般社会关系和具体社会关系。人们在生活、生产、交往过程中结成的普遍的、一般的联系属于一般社会关系。在现实生活中,人们结成的关系往往是具体的,社会工程要建构的是人与人之间具体的社会关系,这种社会关系涉及社会生活的方方面面。例如,党的十八届三中全会指出,全面深化改革的总目标是要完善和发展中国特色社会主义制度,推进国家治理体系和治理能力现代化。经济体制改革是全面深化改革的重点,核心问题是处理好市场和政府的关系,使市场在资源配置中起决定性作用和更好发挥政府的作用等。怎样才能完善和发展中国特色社会主义?用怎样的方式和途径实现国家治理体系和能力现代化?怎样才能处理好市场和政府的关系?市场怎样才能在资源配置中起决定性作用?政府怎样才能更好地发挥作用?这些问题都是涉及国家治理机制、经济体制等层面的具体社会关系的建构问题,即在国家制度、政策法规、不同行业实际运行中探索具体的实现形式。又如,在当代中国,解决人民群众最关心、最直接、最现实的利益问题,是我们解决社会问题的着力点,也是推进民生、社会建设的重要问题。怎样推进民生?怎样进行社会建设?建构怎样的社会公平保障体系才能够体现权利公平、机会公平、规则公平?这些都是社会工程研究的问题。由此,社会工程就是要把潜在的社会关系转化为现实的、具体的社会关系。总而言之,社会工程就是探寻潜在的社会关系,寻找符合人们真实意愿的社会关系的实现形式,是探索和寻找真实的社会关系模式的活动过程。这就是社会理解的社会工程。

由此可见,社会事物之间相互制约的要素不仅有技术层面的还有社会层面的,社会要素之间复杂的关联需要新的研究范式策略的发展。由此,我们认为,社会科学要研究社会制度、社会规则系统,需要把工程的思想引入研究,那么,新的

---

① 费孝通:《乡土中国 生育制度》,北京大学出版社1998年版,第91页。

研究范式就应该兼容自然科学、社会科学和工程科学的思想方法，研究社会关系结构的发展变化，既要研究社会规则系统的演变问题，又要研究社会秩序模式设计问题。而模式设计最能体现工程的系统性、总体性、实践性特征。因此，作为社会科学新的研究范式的社会工程，要把社会理解的社会工程与技术理解的社会工程结合起来。在社会主义建设中，如果仅仅从技术方面去理解社会工程，只是利用计算机、数据库对社会系统进行综合分析，那么，我们需要进一步追问：这种社会系统是在怎样的社会关系形式下的综合模型，故而社会理解的社会工程问题就提出来了。所以，技术理解的社会工程的前提是社会理解的社会工程活动的结果；而作为社会理解的社会工程活动的结果，需要利用技术的手段进行测试和论证。社会工程的成功离不开二者的结合。也就是说，一方面，把要建构的社会关系预期产生的效果通过模型再现，即社会工程活动结果需要利用综合模型把它表现出来。模型研究的作用在于在原有的政策未调整之前，在模型中对政策实施后想要取得的社会效应进行虚拟性研究。另一方面，如果仅有信息收集、分析工具的运用，没有具体社会关系的设计，模型分析就只是反映现有社会关系结构的状况，而没有反映所要改变的社会结构及其运行结果的状况。因此，要把技术理解与社会理解相结合开展社会工程活动。因此，一方面，社会工程要突出"设计"的概念，利用技术手段对社会系统作综合分析，设计蓝图和制订具体方案，把设计从蓝图转化为具体方案，并通过综合模型对设计结果进行预测；另一方面，要考虑这种设计是针对人与人之间具体的社会关系的设计，将人的价值立场、人的活动规律等要素纳入具体社会关系设计考量之中。

2. 社会工程研究的几个重要范畴

社会工程、社会工程规律、社会工程中的价值与社会工程模式是社会工程研究涉及的几个重要范畴。

1）社会工程

社会工程是现代社会人类活动的一种基本类型，广义的社会工程泛指一切工程活动过程及其结果。狭义的社会工程特指以解决社会问题为导向变革社会关系结构的活动及结果，即以社会模式设计为核心，关系到具体的社会关系的建构、设计、实施及其结果，如设计和实施社会制度、政策、法律、法规等。从社会工程活动的结果来说，社会工程本质上是制度性事实的总和，是实践思维的一种表现形式，是选择、设计与建构的统一，也是科学性与价值性的统一。社会工程把发现社会的原因和创造社会模式的知识结合起来，把理解社会的智慧和实践社会的智慧结合起来，探索解决社会问题的方法和途径，它既是推动社会发展的一种重要的实践活动形式，也是社会规律的实现形式。社会工程既包括理论活动也包括实践活动。社会主义建设进程中的一系列社会工程是在马克思主义理论指导下进行的，因此，它是马克思主义理论的社会应用形式。

2）社会工程规律

社会工程规律是以要建构的社会事物为目标而集结在一个设计空间中的若干要素相互作用和相互制约的建构性规律。它是在认识过程第二次飞跃的过程中，尤其是在建构具体社会模式、社会政策模式或模式转化过程中生成的建构性规律。社会工程规律是人类社会活动中客观存在的一种规律。社会工程规律应对的主要问题是：第一，制约共时态并存的各种因素的规律的综合集成问题。社会工程规律是马克思主义理论应用研究的新内容，我们研究、探索社会工程规律就是以中国特色社会主义理论为指导，将理论、目标和要求落实到具体的社会发展和建设中去，建构相应的制度、模式与政策去实现和贯彻中国特色社会主义理论、道路及目标。这种建构活动的制约因素是一个复杂的规律群，涉及影响社会各个领域的特殊规律、人的活动的规律及制约社会发展的普遍规律。因此，同时存在的各种规律的综合集成是社会工程研究的主题之一。第二，共时态存在的不同价值的分歧与整合问题。不同的社会主体有不同的价值诉求，他们带着不同的预期参与或者涉及社会政策和制度的改革过程。新的社会政策的制定和实施必将面对各种社会主体价值诉求的冲突与协调问题。第三，具体情境下的事物发展态势的研判和抉择问题。具体情境选择条件的发展态势的选择关乎模式的效用问题。一项合规律和价值的社会政策的有效实施不能离开具体情境的选择条件。社会工程规律研究就是要揭示这种社会工程活动过程中的客观规律，它体现了社会事物和制度性事实建构过程中要素之间关系的生成性、参与要素的协调制约性、作用方式和结果的综合建构性、实现条件的时空制约性等特点。

3）社会工程中的价值

社会工程是价值导向的变革社会结构的社会活动。社会工程活动的价值是主体与客体双向互动的社会工程活动中生成的客体之于主体指向发展的需求、意义和效应。价值整合是社会工程活动的重要内容。

4）社会工程模式

社会工程模式是社会政策、社会对策设计理念的外化，是未来社会事物、制度性事实的结构、功能和实现的设计架构。

（二）社会工程活动的特点和本质特征

工程存在于社会世界之中，社会工程作为制度性事实与自然工程相区别，从狭义的区分来讲，社会工程与自然工程是人类工程的两种存在形式。

1. 社会工程活动的特点

作为一种综合性知识应用活动，社会工程具有以下特点：第一，方法上是工程方法和社会方法的统一。社会工程体现的是实践思维的特点。科学认识的形成运用的是抽象方法,是在科学概念的形成过程中通过分析、抽象,剔除了客观事物的具体特点和具体属性,提炼出合乎规律性的特征,使人们对研究对象的认识结果获得一个简单的模型。科学抽象的过程实质上是一个逐步简化的过程,最后获得具有简单性特征的深刻结论,大道至简。社会工程的核心是模式设计,合理有效的模式的生成是集规律、价值、情境于一体的,要做的是"还道以形",把具体的制度性事实创造出来。因此,社会工程活动在方法上是工程方法与社会方法的统一。第二,社会工程本质上是选择、设计与建构的统一。社会工程具有选择性,在诸多解决具体社会问题的方案中,权衡利弊后选择实施最合理的解决方案,因此社会工程的核心是模式设计。社会工程是一个建构的过程,是制度性事实的创造过程。在把握规律的基础上,通过对象设计构思出蓝图,再通过过程设计将蓝图化为现实,由此,它又是一个合规律、合目的的建构性实践活动。这种建构性认识的基本特点在于要创造一个新的社会事物,而且对这个社会事物的理念建构在先,具体做法随后。社会工程思维的特点:社会问题意识明确;主体建构的主观能动性较强;想方设法运用科学规律和经验知识,建构实验模型分析社会问题,本质上是一种模式创新思维。它有如下几个重要环节:界定社会工程问题;构思社会理念;从社会理念转变为规划;从规划转变为模型分析;现实化操作。第三,从社会工程研究的知识特征上讲,研究的是对建构的社会关系进行动态研究。第四,在研究方法方面社会工程研究使用的是视域融通的、跨学科的、综合集成的研究方法。

  从社会工程的存在性来看,社会工程存在于社会世界中,要"在社会世界中"看待和理解它存在的规定性。"在社会世界中"存在意指一个统一现象[①],社会工程作为存在于人类社会世界中的一种工程形式,从设计到最终生成的形式都是在整体理念的引导下铸就的,社会工程研究是在把社会现象看作一个整体的前提下进行研究。社会工程"在社会世界中"意指社会工程作为一种制度性存在,它以某种范围内人们的一致同意为前提,具有相对某个其他存在者存在的存在关系。社会工程所涉及的主体、适用范围都以某种方式在"之中"处于某个处所。例如,中国(上海)自由贸易试验区(简称上海自由贸易区)的负面清单管理制度,这种存在者在存在关系扩展开来就是:上海自由贸易区管理机构"在"自由贸易区某处、负面清单"适用于"上海自由贸易区、商家不可经营的项目列"在"清单上等一系列某类存在者"在"另一个"之中",它们作为"在社会世界中"的客观实在,对"在"的选择、体验是与主体的意志、意愿、需求密切相关的,"在"是与社会工程主体的价值立场相关的。在深化改革新的历史阶段,上海自由贸易区之所以首先选择在上海,而不是改革开放之初的深圳,负面清单上所列的不可经

---

① 〔英〕海德格尔:《存在与时间》,陈嘉映、王庆节译,生活·读书·新知三联书店2006年版,第63页。

营的项目等是政策模式设计者的价值理念的外显。由此可见,"在社会世界之中"隐含着一种存在建构,它是一种生成论性质的。社会工程"在社会世界中",它的"在"也是与人相关的"在",这注定它需要存在于一个开放的系统中,是因主体价值立场的转换有了指向未来的意向和生成途径。

在社会世界中,人们所创建社会事物、制度性事实是通过价值立场表达意向、愿望、需要。某种社会工程模式的"在"是与人的价值立场、规律的认识、实现情境相关的理念的外化,这种存在是生成的存在。在社会工程活动中,人与人关系、人与物关系的建构与调整是科技、社会、经济性相统一的过程,关乎系统整体结构的重调,关乎整体价值的重新确立。着眼整体结构的重新调整是一种多重要素规律、价值取向、情境的综合集成的模式选择问题,而指向未来的变化是由价值引领的。例如,我国制造业正处在产业转型的关键期,产业模式需要转型就说明旧的模式已不适合产业的发展。哪些产业需要转型?产业中的哪些行业需要转型?怎样转型?它们都是在一系列的价值关系的选择和实践中产生的。

就一种新型材料的产业化应用来说,其是一种技术决策和产业政策决策。新型材料的应用似乎是一种客观的需求变化,看似无关价值判断,其实不然。以石墨烯的应用为例,石墨烯是迄今为止世界上强度最大且导电性好的新材料,被誉为革命性的未来材料,在各方面都具有巨大的应用潜力。利用石墨烯具有的化学性能和导电性能稳定的特点,在电信领域可以用于开发锂电池,可以加速放电速度,还可以提高锂电池容量。如果能够投入生产,不仅能缩短手机、电动车等蓄电池的充电时间,还能避免废弃锂电池对环境造成的污染,是一种潜在的新材料。但石墨烯在未来能否应用?怎样应用?不仅仅是科学认识及其发展前景决定的,它的应用是人在生产实践中通过价值关系的体验一步一步展开的。研究人员在实验室提出了很多设计和想法,但哪种设想可以进入工艺阶段有主体的价值选择蕴含其中。在现有的工艺条件下,哪些设计能投入生产也离不开价值的选择和判断。在实验室,设计人员根据锂电子可以在石墨烯表面和电极之间大量快速穿梭的特点,有的能设计出储能设备,功率密度比锂电池高 100 倍,能量储存密度比传统超级电容高 30 倍,可使电池的充电时间由几小时缩短到不到一分钟;有的还能利用环境热能设计出自行充电的石墨烯电池。从理论上看,其应用前景的确吸引人,但是这种潜在的价值并不能让它完全替代现有锂电池。换言之,石墨烯电池研发成功并不能很快代替国内目前广泛生产的锂电池(碳纳米管电池)。因为锂电池很早就广泛投入商用了,生产线已经相当成熟,价值实现的条件是现成的;要用石墨烯代替碳纳米管,设计上的一个小细节的增添,就涉及现有企业生产线的一系列设备的更新换代,生产线的更新换代对具体企业来说,成本核算、生产条件、资金,甚至现有市场中的利益关系网络、企业发展的思路等都成了不能回避的问题。可见,价值抉择无处不在,哪种模式能够成为现实和人的价值判断、立场有着密切的关系。石墨烯从实验室的研发成功到产业化应用绝非科学、有效就能实际量化生产。设计人员可以设计出无数有效、新颖的新产品、新材料，但是在投入实际企业生产中时，企业的成本问题、资金、技术、设备等很多涉及的是整个生产线和人员的重新组合，以及各种因素之间的钳制等关涉客观条件、价值关系等方方面面的制约。由此，在社会世界中人、物之间的存在结构决定了社会事物、社会关系都是在价值导向下，并根据具体实现条件在社会建构中生成的。社会工程在"在社会世界中"这种存在特点决定了它的生成性。

2. 社会工程的本质特征

工程既造物也造社会关系。社会工程造社会物，自然工程造自然物。[①]在社会世界中，面对复杂的社会情境，人们既创造了各种物质及物质关系，也创造了各种社会关系，前者表现为自然工程，后者表现为社会工程。如果仅仅从工程的建构性、目的性、系统性、科学性、价值性、集成性、社会性、复杂性等一般属性来看，很难将二者区分清楚。这些共同的工程属性源于它们都是人创造的，承载着人的价值判断、意向性，但是社会工程在社会世界表现出一种制度性存在，自然工程表现为物的存在。它们与人的主观意识联结的方式是不同的，本书以此为切入点做进一步分析。

1）社会工程与自然工程的区别

第一，社会工程与自然工程是相比较而存在的。社会世界中的存在有与观察者相关的事实和对象固有的事实两种形式[②]，这正对应了人所创造的两种工程形式，一种是社会工程，另一种是自然工程。社会工程是制度性存在，它存在于人类制度之中，是处理人与自然、人与人之间社会关系的制度性事实，是与人相关的事实；自然工程是"人类创造和构建新的社会存在物的活动过程及其结果"，是"有形的人类实践活动"[③]，是对象固有的事实。

社会工程与自然工程是人类工程活动创造的两种形式的事实，它们所体现的社会事物的客观性的特点是不同的。社会工程是制度性事实、制度化的社会关系，其存在是由一系列相关规则促生的，并由规则的持续有效确保其存在。这是社会工程区别于自然工程的重要特点之一。进入社会工程的人与物就成为社会世界中人的实践环节的要素和因子，它存在于与其他事实相关的一套社会系统结构中。这种结构是不同社会主体在社会互动的基础上形成的制度化的社会关系[④]。社会工程作为制度性事实、制度化的社会关系需要一系列相关制度来维持。例如，分配

[①] 黄顺基：《社会工程哲学与马克思主义理论研究和建设工程》，《西安交通大学学报（社会科学版）》2009年第6期，第69页。

[②] 〔英〕约翰·R.塞尔：《社会实在的建构》，李步楼译，上海译文出版社2008年版，第9页。

[③] 杨建科、王宏波：《论自然工程与社会工程的关系》，《自然辩证法研究》2008年第1期，第59页。

[④] 王宏波：《工程哲学与社会工程》，中国社会科学出版社2006年版，第199页。

制度，一种分配制度要得以落地，就要有一套和劳动有关的劳动量化、考核、分配系统、货币、福利制度、契约系统。社会工程的客观性主要表现为：一方面，制度之间客观存在的制约关系；另一方面，人们一致同意的主观意愿下的真实性。自然工程的客观性表现为自然工程一旦生成就独立于人的意识，不依赖于人的意识而存在。自然工程虽需借助人类语言体系去表述，但其本身不依赖语言或其他制度而独立存在，也不像社会工程必须有一系列制度来确保。比如，三峡大坝、航天工程，工程一旦建成，不管人们承认它与否，它就"在那里"，不依赖于任何制度而"在那里"。上海自由贸易区的负面清单管理制度则不同，它是针对上海自由贸易区提出的一种新的管理制度模式，即对不开放的行业和受限制的商业活动列一个清单，明确告知限制和禁止的领域、行业和商业活动类型，不在清单之列就视为"可为"，简言之，"法未禁止皆可为"。但是，这一管理制度在上海自由贸易区之外就不再适用了，它的存在有上海自由贸易区这种特殊的时空限制及相关制度保障。由此，社会工程是一种制度性事实、制度性存在，而诸如三峡大坝、航天工程等自然工程就表现为有形的物的存在。

第二，社会工程特指社会关系的建构活动和过程。一般来讲，工程是由单一或若干专业技术为主体和与之配套的通用技术、相关技术，按照一定的规则、规律所组成的、为了实现设计目标而组织集成的活动。我们区分自然工程和社会工程，主要是从对象上来讲的。称某一工程为自然工程倾向于强调其成果是"物"，而称某一工程为社会工程倾向于强调其对象为"某种关系"。简单地说，自然工程造自然物，社会工程造社会关系。当称北京的胡同改造为社会工程时，不是说建造一批新的民居而是把它视为涉及大至城市规划、环境工程小至邻里关系变迁、个人生活习惯改变的关系的确立和变迁；说希望工程是一项社会工程，不是旨在仅仅建起一所所崭新的学校，而是把它当作涉及贫困地区未来发展、人与人、人与社会、人与自然的关系变迁的指标来考量的。

2）社会工程与自然工程的联系

首先，从存在特点上讲，社会工程与自然工程都是"在社会世界中"存在的。其模式设计和转变都是在"主体"价值的引领下，基于各种制约条件的综合作用以及在具体情境中的抉择而外化出来的具体形式。设计者对于价值的排序、整合、重组，以及对规律认识的变化、情境的变化的研判等都是引起工程模式变化的原因。

其次，从生成论角度讲，社会工程与自然工程都是人类自觉建构活动的产物。社会工程与自然工程都是合规律、合目的的建构性的、理念先行的实践活动。这种建构性活动的基本特点是关于将要创造新的社会事物、制度性事实的理念建构在先，具体操作随后。一种社会事物、制度性事实的生成过程总是理念先行，即先有总体设计理念、蓝图，再设计实施方案、实施过程。也就是人们在把握社会规律、自然规律及人的活动规律的基础上，通过对象设计构思出蓝图，再用过程设计把蓝图外化为具体的社会事物或制度性事实。在此过程中，设计者是把一个不曾存在的社会事物、制度性事实创造出来，是从无到有的生成活动和过程。

再次，从思维特征上讲，二者都是实践思维的表现。它们都是以解决问题为导向变革社会事物、建构社会关系的。变革社会事物、社会关系的价值指向引领着其思维的目的，而目的又制约着思维并渗透于建构活动全过程。实践思维的过程性特点是问题意识明确，主体主观能动性渗透建构活动的全过程。自然工程、社会工程都是想方设法运用科学规律和各种经验知识，设计工程模式分析、应对面临的问题，本质上是一种模式创新思维。它有如下几个重要环节：第一，界定问题。通过对问题的评价分析提出新问题。第二，理念设计。通过综合分析形成新的理念。通过对旧的社会事物、社会关系的反思、评价，提出一种新的社会事物、社会关系形式，它是新的社会存在物、制度性事实的预先设想。第三，从理念转变为规划。通过对象设计和过程设计把工程理念融入未来规划。第四，从规划转变为模式分析。这是实现设计目标的过程。通过综合模式使蓝图具体化，进一步对规划进行论证。第五，现实化操作过程。

最后，当制度不合乎人的需要时，便有了变革的需求；新的制度蕴含的新的价值立场只有满足人们的需要才会得到人们的一致赞成。自然工程的建构也是如此。例如，一座水库的修建，修建之始有关工程技术、选址（包括人员安置、对当地环境、气候的影响）、材料等一系列相互联系的系统的选择本身就内含着当时技术条件下人们的价值选择及价值立场。价值关系的存在预示着在系统性结构中存在的人、对象和事件不是静态的、一经产生就一成不变的事物。自然界的人化、社会世界中相关因素间相互作用而产生的互动都会推动因素之间关系的变化，而变化通过价值关系的变化被人们体验到，进而产生变革的需求、途径、手段，并生成新的关系、产生新的存在，内含新的价值关系。

3. 社会工程活动是选择、设计与建构的统一

社会工程运用的视域融通方法，体现了实践思维中工程方法和社会方法的统一。社会工程在社会政策、制度法规的设计与制定及研究中引入了工程概念和工程思维。从科学认识的特点来看，科学认识的形成运用的是抽象方法，主要是指归纳法。形象地说，科学研究是一个"做减法"的过程。工程的目的是怎样运用科学认识把蓝图、意图、意愿转化为具体的对象，我们称为"还道以形"。社会工程要兼顾以上思维方式，并把它们体现在社会事物、制度性事实的建构中，也就是利用社会工程设计和实施的过程把一种理念在具体的对象与情境中创造出来。因此，社会工程在方法上的工程特征，突出地表现在社会规则的设计环节上，它既包括对象设计也包括过程设计，这种设计活动的本质是建构人与人之间具体的社会关系，考虑到社会发展过程中，不同领域之间规律相互作用、影响，往往表现为一个领域的规律是另一个领域规律起作用的平台和边界，人、事物之间的关系呈现出越来越复杂的状态，社会工程设计既注重具体，又兼顾整体，能够综合考虑各种因素。因此，它表现为一种设计、选择和建构的统一过程。

4. 社会工程模式的生成是以价值为导向的

社会工程是价值导向的社会事物、制度性事实建构活动，目的就是在新的社会事物、社会关系模式中实现设计理念所期望的功能和结构。社会工程是为了满足生活在既定社会结构中的人的需要与及其发展，因此，一方面，设计要坚持以人为本，以服务于人的发展为根本出发点，这是价值性的要求。另一方面，社会工程活动是事物之间客观规律性为依据进行建构活动，这是科学性的要求。社会工程是科学性和价值性的统一。无视科学性而制定的政策必定行不通，而缺乏人文关怀的社会政策也必定是冰冷的，不能肩负协调人与自然、人与人之间关系的社会责任。二者的结合反映出社会工程实践思维的特点，即社会工程主体的社会问题意识明确，在价值的引领下，把脉科学规律趋势，整合各学科知识，建构实验模型分析社会问题，实现模式创新；对于不同的设计方案及解决方案，社会工程模式是在多个备选方案中，经过利弊权衡后，选择较为合理、有效的解决方案。

第二章
实践物质观与社会工程

社会工程从认识的第二次飞跃进程来看新社会事物的生成，必须要把物质原则和实践原则结合起来。这既是揭示物质观的必要条件，也是揭示实践观的必要条件。在社会工程视野中，必然引发我们进一步思考实践和物质的关系问题。

第一节 社会工程视野中的物质与实践的关系问题

在社会世界中处理人与人的关系，建构社会需要的社会关系，社会工程提出了指向未来的制度性事实（社会关系）的生成问题，即在改变世界的活动中生成的各种关系的客观性问题。人对世界的看法关乎社会关系的建构，而建构新的社会关系也需要审视人对世界的看法。因此，改变世界需要改变世界的哲学。自然物质观没有实现认识论和实践论的统一，在把握世界中，淡化了人与世界的实践关系，导致在对人类社会的未来的生成性方面解释力不足。实践本体论悬置了主体与客体的关系，从实践出发解释人类世界及其活动，但是没有体现出马克思唯物主义的基本立场，而且由于工程活动在实践论体系中缺位，实践本体论在理论上还有很多需要思考的问题。马克思主义哲学超越了从实体或者二元分立的视角看世界的哲学立场，走向了现代哲学研究的新路向。现代哲学视域融通的开放性开启了不同研究范式、理论之间互相启发、补充的新的研究视角。从社会建构的视角反思自然物质观和实践本体论，我们认为物质原则和实践原则是马克思主义哲学的两条重要原则，把二者结合起来既是揭示物质观的必要条件，也是揭示实践观的必要条件。从实践的观点看物质观，需要我们重新思考实践和物质的关系问题。社会工程坚持以实践物质观的世界观看待社会世界，它把物质的原则和实践的原则结合起来，实践是主体与客体互动的载体，物质是社会开放系统中实践的基础与前提，我们身处其中的社会世界是在既有的物质条件下，通过人们的实践活动建构出来的。

古代朴素唯物主义主张自然物质观，把一种或若干种实体当作物质本身、世界本原，致力于考究构成万物本原的"一"，并以此为出发点，静观、说明大千世界、纷繁事物的"多"，它是一种本体论哲学。近代哲学把物质、自然看作主体认识的对象，考究认识何以可靠，开辟了一条主体哲学之路。传统教科书体系对物质的界定摆脱了以往哲学从物质具体形态或物质结构层次加以理解和规定的窠臼，从科学抽象高度，概括了事物的共同本质，为世界万物的统一找到了方法，也奠定了辩证唯物主义世界观的基础。本体论物质观秉承了唯物主义的物质原则，但是它们把物质从人类实践活动中提了出来，置之于人的思维的对面，隐含或突出强调了物质相对于人的思维的对象性，却忽视了人与自然的一体性，由此简单化了人与自然的关系。这种世界观在思维上存在不足，其主要原因是没有摆脱从实体出发或拘泥于主体客体二分的分析框架认识二者之间的关系，因此在研究方法上并没有实现向现代哲学的演进。由于自然物质观视域下的自然本体论没有看到人与世界之间存在的不可分割的整体关系，所以不可能找到二者统一的渠道。由于实践原则的遮蔽，因此在如何理解事物、事件的形成、发展、演变的实际建构过程，以及人的生存和社会结构的演变等方面总是难以摆脱理论哲学二元分裂的框架带来的两难境地，具体来说有解释上、研究方法上的局限性和不足。

改革开放以来，实践本体论为我们认识马克思哲学开辟了一个新的视野。人类世界只能是实践中的存在，实践构成人类世界的真正的本体[1]，同时实践是人存在的方式，即人的生存本体[2]。因此，马克思哲学是生存论的本体论，即实践本体论。马克思的实践本体论把人的存在本身作为哲学所追寻的目标。这样一种本体论所探求的并不是对象、现实、感性的存在到底是什么，即不是探求所谓的终极存在，而是探求对象、现实、感性的存在何以成为这样的存在，即他们存在的意义[3]。实践本体论认为，实践是人类社会得以存在的根据和基础，因而在人类世界的运动中具有导向作用。人类世界当然不能归结为人的意识，但同样不能还原为自在自然。人类意识、人类社会以至整个人类世界对自在自然具有不可还原性。社会的自然和自然的社会都是通过人类的实践活动实现或表现的。人类世界只能是实践中的存在。实践的本体论意义首先体现在它使世界二重化了，创造出一个与自在世界既对立又统一的人类世界。[4]实践的本体论意义不仅体现在世界的二重化以及人类世界的形成上，而且还体现在人类世界的不断发展中。如前所述，人

---

[1] 赵英剑、俞吾金主编：《马克思的本体论思想》，社会科学文献出版社2006年版，第174页。
[2] 赵英剑、俞吾金主编：《马克思的本体论思想》，社会科学文献出版社2006年版，第174页。
[3] 赵英剑、俞吾金主编：《马克思的本体论思想》，社会科学文献出版社2006年版，第174页。
[4] 赵剑英、俞吾金主编：《马克思的本体论思想》，社会科学文献出版社2006年版，第174页。

类世界是实践中的存在,而实践本身就处于正在不断变化发展之中。属人的对象世界是一个动态的、不断生成、不断形成更大规模和更多层次的开放体系。①实践本体论对我们理解马克思的实践观、深化实践哲学研究起到了积极的推动作用,提出了诸多颇具启发性的观点。但是,哲学的魅力是在不断地反思中磨砺思维的利剑,在爱智之旅审视、洞察未必真知的熟知之事、之见,从而打破思维的局限,不断推陈出新,开辟新思路。反思自然本体论和实践本体论的观点我们提出如下几点问题拟做进一步的探讨。

一、用本体论概括马克思哲学不能体现马克思哲学的本质特征

马克思哲学实现的革命性突破体现在它的现代实践哲学的理论立场和在此立场下对主体与客体、理论与实践关系的解答。它不再以探求终极存在为目标,也不再以本体论的思维方式解释、说明世界,因此被冠之以"本体论"哲学之名。马克思哲学世界观作为现代哲学世界观是有限视角,并不排斥其他视角存在的合理性,因此也本无本体论哲学从自身视角的"一",究万物之"多"之实。马克思在重视实践的意义和作用的同时,并没有否认从对象、现实、感性出发去认识世界。马克思反对对对象、现实、感性仅仅从客体的或者直观的形式去理解,而不把它们当作人的感性活动,当作实践去理解,但是要据此就把马克思哲学本体论归结为实践本体论,首先引发的质疑之一即实践注重的是改造世界,是人对对象的建构活动,对世界本身没有一个看法、态度,何谈实践本体?卢卡奇首先从人们日常生活最简单的事实——劳动中寻找对社会存在进行本体论考察,开创了西方马克思主义新的研究路向,但是,他晚年的著作《社会存在本体论》一书中还是对其早期的著作《历史与阶级意识》中反对自然辩证法的态度做了更正:"这本书的基本的本体论错误是我只承认在社会中的存在才是真正的存在,由于自然辩证法被否认,马克思主义从无机自然推出有机自然,再从有机自然通过劳动范畴推出社会的那种普遍性就消失了。"②他不得不承认社会存在是以自然存在为基础的,因此,在改造世界过程中,物质第一的原则还是没能绕过去。

二、实践本体论

谈实践本体论避谈物质本体,强调实践本体,悬置物质、意识的争论,在哲学思维方式上还是本体论思维。如果把物质本体丢掉只讲实践本体,那就是说,和实践发生关系的那一部分世界在主体的实践本体之内,而不和主体发生关系的那部分世界就不在实践本体之内了。马克思注重实践,也并非无视世界对人的先

---

① 赵剑英、俞吾金主编:《马克思的本体论思想》,社会科学文献出版社2006年版,第174页。
② 俞吾金、陈学明:《国外马克思主义哲学流派新编》,复旦大学出版社2002年版,第64页。

在性。"每个个人和每一代所遇到的现成的东西：生产力、资金和社会交往形式的总和，是哲学家们想象为'实体'和'人的本质'的东西的现实基础，是他们神化了的并与之斗争的东西的现实基础，这种基础尽管遭到以'自我意识'和'唯一者'的身份出现的哲学家们的反抗，但它对人们的发展所起的作用和影响却丝毫也不因此而受到干扰。"[1]海德格尔的基本本体论就悬置了客观世界的物质性问题，从"此在"出发研究哲学问题。在海德格尔看来，所谓的客观世界是离开意识而存在并作为意识的对象的自然界，是世界上所有存在者的一个总体。它对其本身并不能有所察觉和揭示，客观世界只能在与此在的联系中由此在所领悟和揭示。人以外的其他存在物不可能提出存在的问题，也不可能领悟存在的意义。他由此得出结论：没有此在存在，就没有任何其他存在者能提出和谈论自然界存在的问题。海德格尔把客观世界是否独立存在的问题排除在哲学范围之外，认为哲学所谈论的世界只能是与此在融为一体并为此在所领悟和揭示的世界。这不是离开此在而独立存在的世界，而是作为此在的存在状态的世界。现代西方哲学对人的生活世界的关注深受海德格尔思想的影响，如哈贝马斯的生活世界、列斐伏尔的日常生活世界的概念。海德格尔实现的现代西方哲学转向是把哲学对理性的关注，拉回到对人的生命实践的关注，也正是在这个意义上才有学者指出，只要有人在思想，海德格尔的名字就不会被忘记。海德格尔反对传统哲学认识论的主体和客体二元分立的观点，他认为这种观点的实质就是首先预设有一个孤立的主体，然后去论证认识与之相对应的客体。哲学家关于主体与客体的关系尽管各执一词，但其实质都是把主体和客体分割开来，忽视或者有意避谈此在与世界的不可分割，没有揭示此在存在的意义。在海德格尔看来，离开主体的世界是不能确证的，而离开世界的主体，同样无从确证。因为如果没有此在的存在，也就没有世界在此。他的基本本体论从此在出发，研究哲学、研究本体论，怀疑并扭转了西方近代以来科学知识至上的价值取向，给人的存在以哲学本体论的地位，但他却把哲学研究的起点止于人类产生以后，避而不谈此在产生之前。离开人的生活世界的自然界与人身处其中的自然界相比对人并无影响，但若没有"那个"自然界，此在从何而来？他最终未能解决主体与客体如何统一的问题。从此在存在出发研究哲学问题，使我们把哲学的关注点投向人的生活世界，这固然是对现代西方哲学主题具有方向性的扭转。但是，仍避不开一系列怀疑：即便进入人的生活世界的自然界如果不经人的实践，人不思考、不行动、不建构，也不能为人所体会、领悟；即便进入人的实践领域的自然界，人若违反自然规律肆意而为，或早或晚也会遭受自然的报复。因此，单从此在出发或单从实践出发仍然绕不过世界的物质性问题。把对自然本体的研究仅仅推到自然科学研究的范围还不能说服人们在哲学层

---

[1]《马克思恩格斯选集》第1卷，人民出版社1995年版，第92—93页。

面悬置世界的物质性问题，马克思主义提出实践观念的同时，首先是承认实践的现实基础的，人们的实践活动不仅有自然科学的唯物主义基础，还有社会科学的唯物主义基础，也就是说它既有社会中人与人之间已经形成的各种社会关系，以及人与自然的各种关系，还有人们实践的现实基础。所以，我们在实践中只有坚持物质原则才能真正认识到实践的有限性，不至于把实践的魅力无限扩大，赋予其过多的期许、责任和重负。

所以，笔者认为不能丢掉物质原则，而仅把实践作为本体。若丢掉了物质原则，那么实践的载体、主体又从何而来？物质是意识之内的还是意识之外的？实践的合理性问题也说不清楚。实践本体论把体现主体与客体双向互动活动当作本体，实际上是把活动的承载者丢掉了，把活动的承担者丢掉了。所以，离开了物质本体讲实践本体，这种本体就缺乏基础。若只讲实践本体"这就自觉不自觉地忽视或偏离了马克思哲学的客观性原则，把实践做主体主义化、神圣化、神秘化理解，因而难以和唯心主义划清界限，不能全面准确地说明马克思哲学的本质特征"[1]。因此，认识马克思主义的世界观既要坚持物质第一的原则，也要坚持实践观点，要把二者统一起来。

第二节 社会工程坚持实践物质观的理论立场

马克思主义主张"关于社会的科学"要"同唯物主义的基础协调起来，并在这个基础上加以改造"[2]。实践物质观正是针对以上两种理论的不足提出的，就实践本身而言，实践强调的是自觉地建构，在建构过程中如何处理人与世界的关系、现在与未来的关系是世界观无法回避的问题。笔者认为，在自觉建构社会事物、制度性事实的过程中，既要坚持唯物主义的基础，又要坚持实践的过程性，把物质第一的原则和实践的原则结合起来既是揭示物质观的必要条件，也是揭示实践观的必要条件。如果从实践的观点看物质观，就要解决实践和物质的关系问题。

一、社会工程活动与物质的关系

马克思主义哲学树立了实践哲学的理论立场。在马克思主义实践论论域中，物质与人的意识是在人的生活实践中融合一体的，不进入人的主体意识的物质和脱离物质的天马行空的遐想都不能构成人的实践。马克思所说的实践范畴源于日

---

[1] 欧阳康、张明仓：《在观念激荡与现实变革之间：马克思实践观的当代阐释》，中国人民大学出版社2008年版，第37页。
[2]《马克思恩格斯选集》第4卷，人民出版社1995年版，第230页。

常生活实践，又有别于日常生活实践，这标志着社会生活的客观性和历史生成性，同时表征着自觉地批判世界、改造世界的价值旨归。所以，作为人的自觉行动的实践，在改造世界的同时，也改造人自身。"在实践的、现实的世界中，自我异化只有通过对他人的实践的、现实的关系才能表现出来。异化借以实现的手段本身就是实践的。"①人在对象性实践活动中成就自身。"通过实践创造对象世界，改造无机界，人证明自己是有意识的类存在物，就是说是这样一种存在物，它把类看做自己的本质，或者说把自身看做类存在物。"②"当我从事科学之类的活动，即从事一种我只在很少情况下才能同别人进行直接联系的活动的时候，我也是社会的，因为我是作为人活动的。不仅我的活动所需的材料——甚至思想家用来进行活动的语言——是作为社会的产品给予我的，而且我本身的存在就是社会的活动；因此，我从自身所做出的东西，是我从自身为社会做出的，并且意识到我自己是社会存在物。"③环境的改变和人的活动或自我改变的一致性，只能看作并合理地理解为革命的实践。作为人的主体性表现、彰显自我本质的生产实践、个体劳动、制作、艺术创作、阶级斗争实践、改造社会的社会行动、科学实验、社会交往等是实践的不同层面。抓住任何一个角度都可以在不同层面上，对实践观做出貌似合理的解释。但无论做何种解释，实践都是一个活动范畴，也是一个建构过程。现实生活是马克思哲学的理论支点④，改变现实的实践活动，"这种活动、这种连续不断的感性劳动和创造、这种生产，正是整个现存的感性世界的基础"⑤。理论具体是理论活动的结果，是对现实生活的把握和再现。由此，我们可以肯定地说，如果一定要从理论上给马克思主义哲学世界观一个称谓，那么把实践的观点和世界的物质性观点结合起来，以及把实践原则和物质原则结合起来是认识马克思哲学一个应该有的思路，实践物质观可以作为这种世界观的一种表述。实践物质观是世界观，而不是物质观，它是立足于实践展开对世界的看法，尤其是对变革中的社会世界的看法。按照实践物质观的观点，我们身处其中的世界是人类社会活动作用下的产物，是实践作用下的物质世界。

实践物质观区别于古代实体论世界观及旧唯物主义世界观，它超越了静观、解释世界的理论哲学立场，在承认世界物质性现实基础的同时，主张在实践中把对世界之所由来的追问和探索世界之所去向的思考及建设结合起来，即把认识世界和改造世界结合起来。在马克思看来，对于生活世界之中的对象、现实、感性，我们既要从客体的、直观的形式去理解，也要把它们当作感性的人的活动去理解。

---

① 《马克思恩格斯文集》第 1 卷，人民出版社 2009 年版，第 165 页。
② 《马克思恩格斯文集》第 1 卷，人民出版社 2009 年版，第 162 页。
③ 《马克思恩格斯文集》第 1 卷，人民出版社 2009 年版，第 188 页。
④ 杨楹、王福民、蒋海怒：《马克思生活哲学引论：生活世界的哲学审视》，人民出版社 2008 年版，第 1 页。
⑤ 《马克思恩格斯文集》第 1 卷，人民出版社 2009 年版，第 529 页。

实践作为人的感性活动，包括人的各种活动，如渗透于商业和工业环节的劳动、艺术创作等是实践的不同层次、不同形式的表现。马克思在批判费尔巴哈的自然科学的直观时讲，渗透于工业和商业的"这种活动、这种连续不断的感性劳动和创造、这种生产，正是整个现存的感性世界的基础，它哪怕只中断一年，费尔巴哈就会看到，不仅在自然界将发生巨大的变化，而且整个人类世界以及他自己的直观能力，甚至他本身的存在也会很快就没有了。当然，在这种情况下，外部自然界的优先地位仍然会保持着，而整个这一点当然不适用于原始的、通过自然发生的途径产生的人们。但是，这种区别只有在人被看做是某种与自然界不同的东西时才有意义。此外，先于人类历史而存在的那个自然界，不是费尔巴哈生活于其中的自然界；这是除去在澳洲新出现的一些珊瑚岛以外今天在任何地方都不再存在的、因而对于费尔巴哈来说也是不存在的自然界"①。因此，从现实生活中从事实践活动的人的视角看，在理论与实践的关系问题上，只要还是把人的思维提出来，放到实践的对立面，就难以跳出二元分立的结构框架，由此引发的理论与实践、思维与物质等一系列的理论问题就难以得到满意的解答。也就是这个矛盾的解决不能在思维中得以解决，只能在人的实践中得到满意的解决。所以，马克思在《1844年经济学哲学手稿》中讲："主观主义和客观主义，唯灵主义和唯物主义，活动和受动，只是在社会状态中才失去它们彼此间的对立，从而失去它们作为这样的对立面的存在"②，"理论的对立本身的解决，只有通过实践方式，只有借助于人的实践力量，才是可能的"③。因此，他认为这种对立的解决绝不只是认识的任务，而是现实生活的任务，旧哲学未能解决这个任务，正是因为它把这仅仅看作认识的任务。马克思主义解决这种二元对立的思路在方法论上表现为辩证法，在立足点上表现为在实践的基础上探索问题解决的可能性。那么，有限的个体怎样处理理论和实践的关系？理论的抽象和理论的具体如何统一？只能是在不断发展的生活实践中得到解决。这一主张集中体现在《费尔巴哈论》中，恩格斯在谈到人类认识的至上性与非至上性时说，对于有限的个人来讲，真理的绝对性和相对性的矛盾要到人类历史发展的长河中去解决。每一代人都是在现有的感性基础上进行实践活动的，表现为理论抽象之结论的"一"和理论具体对应的"多"在人思维中的矛盾是在人的实践过程中得到统一的。所以，困扰理论哲学的悖论要到实践中去解决。由此，马克思哲学突破了本体论哲学的提问方式和解释原则，不再追问世界的终极根据或本原，继而用这个终极的本体来说明一切；同时，马克思把对现实基础物质性的问题的追问纳

---

① 《马克思恩格斯文集》第1卷，人民出版社2009年版，第529—530页。
② 《马克思恩格斯文集》第1卷，人民出版社2009年版，第192页。
③ 《马克思恩格斯文集》第1卷，人民出版社2009年版，第192页。

入感性的实践活动中。就物质而言,他所讲的物质是进入人的感性活动的物质。马克思哲学始终坚持唯物主义物质原则,即当我们真正观察和思考的时候,永远也不能脱离唯物主义。马克思所讲的不能脱离唯物主义就是说不能脱离物质第一的原则,且要承认现实生活的物质性。但是,他并没有止于仅仅承认世界的物质性,而是在此基础上向前推进了一步——引入了实践的原则。实践原则的确立,在自在自然和现存的感性世界之间架起了过渡的桥梁。具体地讲,在自在自然各要素之间因果联系的链条上,介入了体现人的主体性的价值参数,而价值参数的引入增强了马克思主义物质原则在解释和说明人类社会各种现象中的解释力。马克思曾经对自然史和人类史作了区分,同时指出这两方面是密切相关的:只要有人存在,自然史和人类史就彼此相互制约。马克思在《1844年经济学哲学手稿》中提出了"非对象性的存在是非存在物"①、"被抽象地理解的、自为的、被确定为与人分隔开来的自然界,对人说来也是无"②的观点,也就是说,没有进入人的感性世界的存在对于人没有现实的意义,但没有否认它的物质性。同样在包含新世界观萌芽的《关于费尔巴哈的提纲》中,马克思明确指出"感性的人的活动"即实践是"新唯物主义"与从前一切旧唯物主义的主要区别。马克思在批判旧唯物主义的主要缺点时指出:"从前的一切唯物主义(包括费尔巴哈的唯物主义)的主要缺点是:对对象、现实、感性,只是从客体的或者直观的形式去理解,而不是把它们当做感性的人的活动,当做实践去理解,不是从主体方面去理解。"③马克思强调从实践出发去理解对象、现实、感性,但并不否定从客体或者直观的形式去理解对象的合理性,而是强调要把二者结合起来。"整个所谓世界历史不外是人通过人的劳动而诞生的过程,是自然界对人来说的生成过程,所以关于他通过自身而诞生、关于他的形成过程,他有直观的、无可辩驳的证明。因为人和自然界的实在性,即人对人来说作为自然界的存在以及自然界对人来说作为人的存在,已经成为实际的、可以通过感觉直观的,所以关于某种异己的存在物、关于凌驾于自然界和人之上的存在物的问题,即包含着对自然界的和人的非实在性的承认的问题,实际上已经成为不可能的了。"④对对象、现实、感性的理解,既要从客体本身的存在出发,又要把它纳入主体的实践活动中去探寻客观对象的由来、根据。

马克思主义哲学的立足点在于人类社会,相对于传统哲学,它更关注"现存的感性世界"或者说是人的生活世界。解释世界不是目的,更重要的是在实践中改变世界。马克思指出,实践本质上是一种社会活动,这种社会活动"无论就其内容或

---

① 《马克思恩格斯文集》第1卷,人民出版社2009年版,第210页。
② 《马克思恩格斯文集》第1卷,人民出版社2009年版,第220页。
③ 《马克思恩格斯选集》第1卷,人民出版社2012年版,第133页。
④ 《马克思恩格斯文集》第1卷,人民出版社2009年版,第196—197页。

就其存在方式来说，都是社会的活动和社会的享受"①。在现存的感性世界中，人所面临的一般的、基本的事实就是如何处理身处其中的各种关系，如人与自然的关系、人与人的关系（人与社会的关系）、人与人自身的关系（人自身的发展）。在诸如此类的各种关系中，以人的实践活动为媒介的事物的形成和发展、人自身的生成和发展（人的生存方式、生存结构、生存处境及其变迁）构成人的生活世界中无法回避的核心问题。马克思主义哲学从实践出发、从改变世界（物质世界和精神世界）出发，就是立足于社会的人类，从现存的人的生活世界出发，探寻处理各种关系的根据和方法，建立新唯物主义。因此，马克思的哲学是在人的现实的感性活动中进一步把物质世界和人的精神世界联结起来，通过人的实践探求生活世界中的事物的形成、演变的根据和缘由，人之为人及人的发展的历史逻辑，揭示人的自由发展的根据与路径。马克思主义哲学世界观对世界的看法内在地包含着实践物质观。从实践物质观看世界可以得出以下结论。

首先，物质世界的面貌是进入人的感性实践中的物质，经人的感性实践作用生成的。马克思的实践观主张的生成性逻辑代替了理论哲学静态的客观性原则。人的感性实践能够在思维中把人的主观理念转化为具体的实践智慧，在行动中将这种智慧诉诸客观对象，从而使自在的存在转化为创造的存在，同时在这种创造性活动中深化自身的主观认识。因此，实践是一种主体与客体双向互动的生成过程。马克思所讲的实践，区别于费尔巴哈只是从感性、直观、客体的形式去理解感性对象，把实践看作有欲求的人的功利性的"实践直观"（仍然在理论领域）；也不同于黑格尔把实践理解为一种推理活动。马克思把实践当作人的存在方式，是连接自身和外部世界的活动范畴。在实践中，人将自身的多重属性——自然性、精神性和社会性充分地表现出来。以现实的人的感性实践为纽带，将人的意识的能动性、客观事物的规律性、事物生成的过程性有机统一起来，为解释现存世界何以为此、未来发展走向何方提供了现实的依据和策略。

其次，从实践物质观的视角看物质，物质是客观存在的，而进入人的感性实践活动中的物质，人类社会中层出不穷的新事物、新的社会关系就是现实的人，在自己的生活世界中通过实践构建出来的。新的事物、事件形式及其关系是在现实的人的感性实践中生成的。对于与人的存在密切相关的自然界，马克思明确指出："整个所谓世界历史不外是人通过人的劳动而诞生的过程，是自然界对人说来的生成过程，所以关于他通过自身而诞生、关于他的形成过程，他有直观的、无可辩驳的证明。因为人和自然界的实在性，即人对人说来作为自然界的存在以及自然界对人说来作为人的存在，已经成为实际的、可以通过感觉直观的，所以关于某种异己的存在物、关于凌驾于自然界和人之上的存在物的问题，即包含着对

---

① 《马克思恩格斯文集》第1卷，人民出版社2009年版，第187页。

自然界的和人的非实在性的承认的问题，实际上已经成为不可能的了。"①

综上所述，把现实中人的感性活动纳入实践中去理解，物质和意识的对象性和生成性就不再是对立的，而是成为相互的了。马克思剥离黑格尔的唯心主义时指出："意识的存在方式，以及对意识来说某个东西的存在方式，就是知识。知识是意识唯一的行动。因此，只要意识知道某个东西，那么这个东西对意识来说就生成了。"②"从理论领域来说，植物、动物、石头、空气、光等等，一方面作为自然科学的对象，一方面作为艺术的对象，都是人的意识的一部分，是人的精神的无机界，是人必须事先进行加工以便享用和消化的精神食粮；同样，从实践领域来说，这些东西也是人的生活和人的活动的一部分。人在肉体上只有靠这些自然产品才能生活，不管这些产品是以食物、燃料、衣着的形式还是以住房等等的形式表现出来。在实践上，人的普遍性正是表现为这样的普遍性，它把整个自然界——首先作为人的直接的生活资料，其次作为人的生命活动的对象（材料）和工具——变成人的无机的身体。自然界，就它自身不是人的身体而言，是人的无机的身体。人靠自然界生活。这就是说，自然界是人为了不致死亡而必须与之处于持续不断的交互作用过程的、人的身体。所谓人的肉体生活和精神生活同自然界相联系，不外是说自然界同自身相联系，因为人是自然界的一部分。"③在马克思看来，人的实践可以把自然中的自在之物化为充盈着人的目的并满足自身需要的为我之物，这种自然的人化过程不仅是人化自然的形成过程，也是人类社会形成和发展的过程，而在这个过程中，人自身的本质的力量也得到了彰显和确证。回顾近现代以来的社会发展，特别是人类工程活动运用科学、技术所提供的智慧和手段创造出的巧夺天工的人工事物，社会工程建构的新型社会关系，推动了人属世界的演化，人也在此过程中证明了自身的存在及意义。所以，在实践过程中，人与自然界、社会及自身的相互作用、演化、形成了纷繁复杂的人类社会，使我们生活的世界呈现出丰富多彩的图景。

二、实践物质观视域下的社会工程

实践物质观坚持建构性活动中生成社会世界的基本看法。实践物质观立足于实践看世界，尤其是变革中的社会世界。在改造世界的活动中把实践的原则和物质的原则结合起来既是理解物质观的需要，也是理解实践观的需要。改造世界的活动把自然界和社会世界融合于人的活动过程中，物质观揭示了世界中存在着不以人的意识为转移的客观存在，它告诉我们变革世界要从实际出发；实践观使我

---

① 《马克思恩格斯文集》第1卷，人民出版社2009年版，第196—197页。
② 《马克思恩格斯文集》第1卷，人民出版社2009年版，第212页。
③ 《马克思恩格斯文集》第1卷，人民出版社2009年版，第161页。

们坚信改变物质的约束条件就可能改变物质的存在方式,激励我们要勇于开拓创新。把二者结合起来,就成为我们建构新世界的科学方法和有效路径。

从实践观看物质,新的物质形式是在实践过程中生成的;从物质观看实践,实践是主体和客体之间能动而现实的双向对象化活动[①],人的精神世界和人所创造的外部世界是在人的实践活动中相互影响而得以对象化的。"人不仅像在意识中那样在精神上使自己二重化,而且能动地、现实地使自己二重化,从而在他所创造的世界中直观自身。"[②]实践是生活在某种特定现实世界的人对身处其中的现实世界的改造和变革活动。其首要特征是在实践活动中存在状态要经历一种改变。它不仅是行动计划,更是行动本身。同时,它具有价值性特征:追求尚未完全实现的东西。实践是力图改变或维持生存状态的努力,是连接两个世界的努力和过程:实践依赖于两个世界的假定,包括当下的现实世界,以及尚不存在的观念世界。[③]正如迈克尔·奥克肖特所说的,实践是对两种存在模式之间裂痕的一种修复,是对时间的流逝不断创新制造出来的裂痕的一种修复。实践在任何地方都暗含和依赖于一种未曾实现的想法,一种"将要成为……"但"现在却不是的"的想法,因为行动涉及"是什么"与我们期待应当是什么之间的差异,而实践就是行动。不仅实践表现为清晰的表现形式,行动也意味着变化,涉及一个世界,一个可想象出来的世界,在这个世界中,变化既是可能的又是有意义的。[④]

实践面对实然世界和应然世界之间的差距,要解决的问题是应做什么、怎么做,其核心是模式设计,目标直指操作。模式设计在人的心智层面解决可解释、可理解的理念的确定,在操作层面解决了实现路径的选择即表征了规则关系。卡明斯(Cummins)在研究思维语言假说时提出了"塔桥图"认知模型。莫里斯指出,当满足如下条件时,此模型才起作用。其一,输入和输出具有内容。其二,在解释层面具有可理解性,能使输入内容变成输出内容。其三,在执行层面上,输入和输出在非语义上是可区分的。其四,存在着非语义的因果规律,解释了系统中那些输出是如何产生出来的。[⑤]

社会工程活动作为人类实践的一种重要形式,它是通过社会模式的建构和转换推动社会从实然向应然转化的。也就是运用模式设计,在规律、价值、情境三个维度上,将人们对事物个别属性的判断,转化为有具体内容的做事的理念、实践智慧,在操作层面上筛选解决具体问题的有效合理路径实现社会变革。

---

① 肖前、李淮春、杨耕:《实践唯物主义研究》,中国人民大学出版社1996年版,第146页。
② 《马克思恩格斯文集》第1卷,人民出版社2009年版,第163页。
③ 刘森林:《实践的逻辑》,社会科学文献出版社2009年版,第20页。
④ 〔英〕迈克尔·奥克肖特:《经验及其模式》,吴玉军译,北京出版社出版集团、文津出版社2005年版,第246页。
⑤ 〔南非〕保罗·西利亚斯:《复杂性与后现代主义》,曾国屏译,上海世纪出版集团2006年版,第4页。

由此可见，人世间或社会世界中能纳入实践中的物质无不是受到实践作用的物质。从这个角度看世界，世界呈现在人面前的图景就不再是一个固定的、静态的、实物的集合，而是一个生成过程。在实践过程中，主体与客体之间双向互动使实践成为函数关系中的因变量，世界究竟以何种面貌示人，人怎样看待世界的真面貌，要看它经过人的实践作用以后的结果。作为一种活动范畴，实践打通了人身处其中的实然世界和将要建构的应然世界的通道，但实践不会对现存世界中不存在的东西进行断言，它总会在给定的世界中运行[①]。那么，进入实践的事物与其呈现给我们的世界之间的关系，我们可以将其表征为：世界=F（物质）。其中，F作为实践关系的表征，是规律维度、价值维度和情境维度的统一。构成实践模式的因素包括三个方面：规律因素、价值因素、情境因素或认知因素。规律因素包括制约模式形成的各个层面的规律。价值因素包括价值理念、价值选择等。情境因素包括环境、条件、认知水平等。以上因素的细化过程就是进入实践过程中的各要素在操作层面具体化的过程，这种具体化不仅使实践活动具有可理解性、可操作性，还进一步探索了实现路径问题。实践物质观的理论视域揭示了社会世界的面貌与人的实践的关系，这也是我们进行社会工程的世界观基础。

[①] 刘森林：《实践的逻辑》，社会科学文献出版社2009年版，第33页。

第三章 社会工程规律论

普罗米修斯有一个预言：技艺的力量无论如何也胜不过定数！这句预言隐喻着人在规律面前无能为力，但纵观历史，人在规律面前从未臣服。无论是对自然界还是对人类世界，人们都一直运用所知、所学，影响、变革着自己生存于其中的世界，在形而上与形而下之间进行探索。自然物的创造、新社会关系的建构都是如此。社会工程是合规律与合目的的变革社会关系的活动，制约社会工程发展的是一个集自然规律、社会规律、社会工程规律等的规律群。社会工程规律是社会工程活动的认识论基础，是在变革社会关系活动中生成的建构性规律。社会工程是遵循社会规律而进行社会建构的活动。

第一节 社会规律与社会工程规律

一、规律

规律是指事物发展变化过程中本质的联系和必然的发展趋势。

作为哲学范畴的规律源于古希腊哲学中的"逻各斯"一词。追溯其语义内涵，"逻各斯"（logos）一词在希腊语中有说话、思想、规律和理性等含义。随着基督教在西方世界的兴起并占据统治地位，逻各斯在使用过程中被赋予了宗教神学的含义。在《圣经·约翰福音》中，逻各斯就是指上帝的话语，是一切真理的最终源泉。按照《圣经·约翰福音》的说法，一旦人们背离上帝而堕落时，就背离了逻各斯，谬误也就随之产生。西方人赋予这种背离以道德含义：它是原罪、是恶。把逻各斯理解为规律，源于赫拉克利特的残篇中该词的尺度、比例、公式等基本含义，人们将其含义引申为事物发展变化过程中本质的联系和必然的趋势。古希腊时期的哲学家从水、无限者、数、火等出发探寻世界的本原，追溯世间万物演化、相关的缘由，从而生发出关于规律的思想，表达规律的概念、范畴也随之逐渐确立。在英语中，规律用"law"一词来表达，其首条词义指规则体系，其次有规律、定律的意思，因此在日常用语中它兼有法律、法规和规律等多重含义。万物由来演化皆有缘由，然而不立规矩，无以成方圆。所以，讨论规律一般还是要和规则相对来谈的。反映事物之间相关性的规律是"自在的"，而人世间的法律、规矩、规则、规章制度是"人为的"。简言之，前者是存在性的，后者是建构性的，二者的内涵大不一样。

以直言逻辑为哲学基础的传统西方哲学认为，思维的指向是判断实体具有或者不具有某种属性，形成了以"实体—属性"为基本结构的本体论思维方式。这种思维方式下的规律观把规律定位在对既定事物或实体的属性，以及和其他事物存在某种关联性的肯定判断上，视"真之符合"为真理，事物相互关系中的共同特性就是规律，我们称之为存在性规律。存在性规律指的是事物内部的、稳定的、本质的联系，是事物自身的因果联系的揭示。这种体现因果联系的规律的成立需具备以下三个条件：第一，时间在先。说事物之间有规律，必是先有因后有果，一个事物直接发生在另一个事物之前，一个事物的发生引起另一个事物的结果，事物之间有前后相继的现象。第二，空间接近。引起和被引起的事物在空间上是接近的。第三，高频率特征及大数现象。以统计为例，规律表现为有一个特征性平均频率，使整个节段中以及所有长的子序列中相对频率与这个平均值的离差很小，如果我们挑选的子节段越短，较小的子节段的相对频率与这个平均值的离差就越大和越经常，这个事实，即有穷节段这种可在统计学得到确定的行为[①]。波普尔进一步解释：我们在小节段中发现无序和随机，在大节段中发现有序和恒定。[②]

从规律的内涵来说，规律是事物本身所具有的内部的、稳定的、本质的联系，规律是自在的。规则是人为的，是人们制定的关于事物、事件生成的法则。从此角度看，规律是事物自身的因果联系，而自身不具有目的性，而规则关系中虽然包括因果成分但却以目的性为灵魂[③]。

从认识论角度看，规律是在"实践—认识—再实践—再认识"认识过程的第一次飞跃中发现的，解决"是什么"的问题；规则是在认识过程的第二次飞跃中建构出来的，是在认识规律的基础上指向目标、操作如何完成的问题。

从规律的语言形式特点来看，规律的语言表达是对既有事物属性和关系的直言判断，是判断事物具有何种属性、事物要素之间具有何种关系，回答某物、某种关系"是什么"。首先，规律陈述是真实地描述实在情形，而不只是在语言形式

---

① 〔英〕卡尔·波普尔：《科学发现的逻辑》，查汝强、邱仁宗译，中国美术学院出版社 2007 年版，第 157 页。
② 〔英〕卡尔·波普尔：《科学发现的逻辑》，查汝强、邱仁宗译，中国美术学院出版社 2007 年版，第 157 页。
③ 李伯聪：《社会工程哲学中的三个问题》，《教学与研究》2010 年第 8 期，第 17 页。

上像一个规律陈述。也就是规律陈述的主词是"真的",有指称对象,不是空的东西。其次,规律陈述是"非分析的",陈述是非重言式,不是分析陈述的纯逻辑真理,或常真的真值形式。例如,从 A 推出 B,不能在大前提中原本就包含着 B,即不能承认 A 中事先就包含着 B,同义反复虽然恒真,但不能构成规律性陈述。最后,规律陈述是条件的普遍性,即未限制的全称陈述。科学规律的表述都属此类,典型的规律性陈述的一般形式都是全称陈述。而规则是指向"如何是",以祈使句为表达方式,以操作导引、模式设计为目标。

从规律的逻辑特征上看,规律指一个事物和另一个事物之间的联系是非逻辑的,是内在的、本质的、因果的、自然的。它是关于共相的普通逻辑命题,规律在其适用范围内是非历史性和无条件起作用的,它可以"不令自行,具有不可违反性"[①];而规则在逻辑特征上是逻辑的、外在的、现象的、非因果的某种联系,是人世间指向未来事物生成过程的规范性界定,是回答"如何是",是"关于人行动的模态命题"[②]。

从价值判断标准上看,对一事物做规律的判断是断定某物具有某种属性和性质,以及对事物和事件的既成属性的断定,是视此过程的完成,是已经成为或者是"什么"了,它属事实或关系的裁定。因此,这种基于对既成事物和事件属性与关系揭示,对于一个既成的事物或事件是否具有某种属性,或存在某种关系的断定,在价值的判断上若有即为真,没有即为假,不可能既真又假。因此,规律判断符合二值逻辑。而规则指向潜在的、未成事物的生成,它不具有现实性,其成与不成或成为"什么"都是一种可能性。因此,规则的价值判断超出了真假二值逻辑,符合多值逻辑,真、假、效等都是判断规则的价值参照。

从思维方式上说,规律是以对既成的实体的属性及其本质关系的追问为指向,规律探寻是以"实体—属性"为基本结构的本体论思维为导向;而规则建构则是以从实然到应然转换过程及其可能性的探寻为目标的集成思维作为核心(集本体论思维、价值论思维或者实体—关系—实体思维于建构过程)。建构的核心是"做""设计",目的是"如何是"。建构一种从来未出现的新事物,从规律到过程的转换中要处理好三种关系:第一,既定事物及其属性要与其本身一致;第二,价值选择和判断的依据是以合乎人类的需求为指向;第三,具体情境要顺应环境的制约。合规律、合目的、合情境的综合要求需要以集成思维为核心,在建构新事物时需要权衡各种可能的方案,在现有的条件下选择最佳实现方式和实现路径。

规律是事物的属性、关系的揭示,是自在的,人们通过科学发现并了解事物的属性及其因果关系。规律验证靠实践证明(或证伪)。早在 18 世纪休谟就对归

---

① 李伯聪:《社会工程哲学中的三个问题》,《教学与研究》2010 年第 8 期,第 21 页。
② 李伯聪:《社会工程哲学中的三个问题》,《教学与研究》2010 年第 8 期,第 10 页。

纳法提出诘难，认为因果关系不是任意的、偶然的，而是人性的一种倾向即人的心理状态就是以自身习惯为原则进行期待、推理的。由此得出如下结论：一切从经验而来的推论都是习惯的结果，而不是运用理性的结果。因此习惯是人生的未达指南。只有这个原则才能使我们的经验对我们有用，使我们期待未来出现一连串的事件，与过去出现的事件相似。如果没有习惯的影响，我们除了直接呈现于记忆和感觉的东西而外，对于其他的事实就会一无所知；我们就会根本不知道如何使用手段适应目的，或者运用我们的自然力量来产生效果，一切行动就会立即停止，思辨的主要部分也会停止了。[1]关于因果关系的推理来自人的习惯，因此即便有因果性存在，但是因果性中并不一定包含必然性。休谟的诘难使我们不得不正视一个棘手的难题："会和的恒常不能保证会和的永不失败性，这个永不失败性只能由那事实上并不存在的必然性保证。"[2]20世纪，波普尔提出证伪法，解决了归纳法不能穷尽的检验难题，在规律的发现和证明途径方面又向前推进了一步。波普尔在《科学发现的逻辑》中提出了证伪法。他认为：我们说一个理论已被证伪，只有当我们已经接受和理论相矛盾的基础陈述时。这个条件是必要的但不是充分的，因为我们知道不能复制的个别偶发事例对于科学是没有意义的。所以少数偶然的与理论矛盾的基础陈述不会促使我们把理论作为已被证伪而摒弃。只有当我们发现一个反驳理论的可复制的效应时，我们才认为它已被证伪。换句话说，只有当描述这样一种效应的一个低水平的经验假说被提出和确认时，我们才接受这个证伪。[3]

休谟的诘难和波普尔的证伪法说明反例能够必然地证伪一般命题，但对于一个经验命题、经验科学的理论系统，尤其是操作命题，证伪却不是必然的。一般命题和命题构成的理论系统是不同的。对于数学与逻辑来说，个别命题如果与一般命题在性质、内容上对立，它就证伪一般命题具有逻辑必然性。对经验科学来说，有经验科学的一般陈述和经验科学理论。经验科学理论是由经验陈述构成的，是对实际经验的概括和总结。实践过程中的实践思维不同于数学逻辑中的理论思维。数学逻辑思维虽然严密，但却相对简单，而实践思维中的因素则是相对复杂。经验科学理论的真理性证明问题，不是纯粹逻辑思维的范畴。它属于实践思维的范畴。经验科学中的任何理论的真理性的证明都是以实践为基础的。从实践和实践过程分析，反映实践结果的个别结论必须通过实践观念模型这个中介环节去证明初始的一般理论的正确性。但是，经过实践观念模型的折射，从实践结果的个别结论出发，具有多种证明途径，是一个多方向的探索过程，而不是一个单方向

---

[1] 赵敦华选编：《西方哲学经典名著选读》，中国人民大学出版社2003年版，第308—317页。
[2] 张嘉同、沈小峰：《规律新论》，中共中央党校出版社1993年版，第21页。
[3] 〔英〕卡尔·波普尔：《科学发现的逻辑》，查汝强、邱仁宗译，中国美术学院出版社2007年版，第157页。

的、纯逻辑的线性决定过程。[①]对这个问题的反思，我们看到对经验命题、科学经验的科学理论系统的证伪也应该是一个系统的过程，而不是完全由实践结果的个别结论来完成。由此，规则的构成体现了理论系统的完整性，因此，它的验证需要靠系统的实践过程而非个别结论的被证伪。

近代以来的经验论十分关注概念或概念与世界之间的普遍相关性，并把这种普遍性视为规律。尤其到了近代，牛顿力学催生、助长了机械决定论，拉普拉斯妖似乎可以预言自然界中所有现象的"铁的必然性"。然而，在瞬间变换的自然界复杂现象中及人属世界，拉普拉斯妖的预言魔力频频失效，让我们再次思考存在性规律和建构性规律问题——规律和规则的关系。一是规律的证明和规则的证明不同；二是规则具有动态演变性。规则的动态演变性表现为：规则随着时间的推移、所面临的问题具体情境的变化对问题的处理做出回应而发生演变。规则一旦建立它就按照既有的操作规范，来应对出现的问题。如果足以应对它们就使用现有程序来处理当下的问题，否则就改变程序或者创建新规则。二者的关联在工程活动中体现得尤为突出。

二、社会规律和社会工程规律是社会发展理论中不同层面的规律

关于社会发展理论，我们可以从历史观和具体社会变革两个层面界定。历史观层面的社会发展理论，是关于社会发展宏观趋势、一般发展走向的理论，包括社会发展的内在矛盾及其运动规律，是关于社会形态的划分、演进的基本观点，揭示的是社会发展的本质及其规律、揭示若干个社会形态演变的趋势；具体社会变革层面的社会发展理论如社会工程视域中的社会发展理论，是以特定社会发展模式设计为对象的社会发展理论，主要研究特定社会发展模式的建构问题，为社会发展提供具体的意见。加拿大学者艾伦·梅克森斯·伍德从生产者和占有者之间的关系出现在历史唯物主义解说的状况，区分了两种主要的马克思主义的解释。伍德指出：第一种把生产关系和阶级置于一个更大的、超历史技术发展的背景下。另外一种是探求每一种社会形式的特殊的运动法则以及占统治地位的社会所有制关系。[②]伍德认为："这两种理论一种是提出一些一般的、超历史的和历史变革的普遍规律（总是某种技术决定论），另一种是强调每一种社会形式的特殊性（通常是探索占有者和生产者之间占优势的社会关系所决定的特殊运动规律）之间的区别。"[③]美国社会学家乔纳森·特纳从人口、生产、分配、权利四个方面分析了决

[①] 王宏波：《工程哲学与社会工程》，中国社会科学出版社2006年版，第36页。

[②]〔加〕艾伦·梅克森斯·伍德：《民主反对资本主义：重建历史唯物主义》，吕薇洲，等译，重庆出版社2007年版，第111页。

[③]〔加〕艾伦·梅克森斯·伍德：《民主反对资本主义：重建历史唯物主义》，吕薇洲，等译，重庆出版社2007年版，第111页。

定人类组织的各种作用力的相互作用来解释人类社会的结构和组织形态，提出了社会宏观动力学的 10 个定律。[①]安东尼·吉登斯从权利、财产与国家等要素之间的关系对现代社会进行制度性分析。[②]后马克思主义的霸权接合实践理论认为，意识形态具有能动性和建构性。意识形态的变化机制是霸权接合实践，突出"接合"在意识形态建构中的作用。以上观点体现了西方学者对社会发展理论两个不同层面问题的关注，由此可以看出社会发展理论有不同层次的内容，从而形成了不同的理论，东西方学者在此问题上形成了一个共识：社会发展理论有着不同的理论论域。

1. 社会规律

社会规律是客观物质世界尤其是社会世界的运行规律，探索的是历史观层面的社会发展理论，它揭示了马克思主义主张的历史尺度和价值尺度的统一趋势与内在诉求。社会工程规律研究建设层面的社会发展理论，探索如何把历史尺度和价值尺度映现在现实的制度性事实中的路径。在社会工程活动中，社会工程规律作为模式建构与转换的规律，是一个规律群。模式建构规律既要遵循自然规律、社会规律，又要在建构过程中将人的价值立场融入建构过程，使规律按照人的目的发挥作用。

社会规律研究的是宏观历史层面的社会发展理论。在宏观历史层面，马克思主义关于社会发展的理论有社会发展的"五种形态说"和个人发展的"三形态说"两种理论形态。从整体角度看，这两种理论统一于社会发展的历史进程中，它们从不同视角揭示了马克思主义社会发展理论的统一整体——生产力与生产关系要相互适应，社会发展与人的发展要相互促进，这体现了马克思主义社会发展理论历史尺度和价值尺度的统一，二者共同构成唯物史观社会发展理论。

以生产活动为切入点洞悉历史的趋势，内含两条理论的逻辑：一是物质资料的生产，二是社会关系的生产。因为"生命的生产，无论是通过劳动而生产自己的生命，还是通过生育而生产他人的生命，就立即表现为双重关系：一方面是自然关系，另一方面是社会关系"[③]。前者循着生产力与生产关系内在矛盾的逻辑，后者循着社会发展与人的发展相互依存的逻辑，二者共同构成马克思主义社会规律的内涵。

马克思和恩格斯从生产力与生产关系矛盾运动研究社会的发展理论，概括出社会发展的"五种形态说"。在 1846 年完成的《德意志意识形态》一书中，马克思和恩格斯从现实的人的第一个历史活动，即从满足人的需要的物质资料的生产活动

---

① 〔美〕乔纳森·特纳：《社会宏观动力学：探求人类组织的理论》，林聚任译，北京大学出版社 2006 年版，第 128 页。

② 〔英〕安东尼·吉登斯：《历史唯物主义的当代批判——权力、财产与国家》，郭忠华译，上海译文出版社 2010 年版，第 1 页。

③《马克思恩格斯文集》第 1 卷，人民出版社 2009 年版，第 532 页。

中把脉历史的趋势。他们发现一个时代的人们所掌握的生产力水平关乎其身处其中的社会状况。生产本身"是以个人彼此之间的交往为前提的。这种交往的形式又是由生产决定的"①，由此，"各民族之间的相互关系取决于每一个民族的生产力、分工和内部交往的发展程度"②。要在生产力和生产关系结合中研究人类生产活动。"人们所达到的生产力的总和决定着社会状况，因而，始终必须把'人类的历史'同工业和交换的历史联系起来研究和探讨。"③生产力发展的水平，既关乎人们怎么生产，又关乎人们在生产中如何分工。而生产力和社会分工的状况反过来又会影响交换关系或社会关系："分工的各个不同发展阶段，同时也就是所有制的各种不同形式。这就是说，分工的每一个阶段还决定个人在劳动材料、劳动工具和劳动产品方面的相互关系"④，分工制约着具体社会所有制可能的实现形式。在马克思看来，"与这种分工同时出现的还有分配，而且是劳动及其产品的不平等的分配（无论在数量上或质量上）；因而产生了所有制"⑤。"所有制是对他人劳动力的支配"⑥，"分工和私有制是相等的表达方式，对同一件事情，一个是就活动而言，另一个是就活动的产品而言"⑦。马克思沿此思路在深入研究了生产和分工的基础上，以所有制为尺度，把人类历史发展由低级向高级发展的总体趋势概括为三种形式：第一种形式是部落所有制；第二种形式是古代的公社所有制和国家所有制；第三种形式是封建的或等级的所有制。这是关于社会历史分期、社会发展形态的第一次表述。随后马克思和恩格斯在《共产党宣言》中讲，社会发展将是资本主义社会取代封建社会、共产主义社会取代资本主义社会。对于生产力与生产关系之间的相互作用，他们发现："古典古代社会、封建社会和资产阶级社会都是这样的生产关系的总和，而其中每一个生产关系的总和同时又标志着人类历史发展中的一个特殊阶段。"⑧1859 年，马克思在研究了当时他所掌握的资本主义以前的几种所有制形式的基础上，进一步发现生产力与生产关系的内在矛盾是推动社会发展的动力，生产力与生产关系的联系表现为："人们在自己生活的社会生产中发生的一定的、必然的、不以他们的意志为转移的关系，即同他们的物质生产力的一定发展阶段相适合的生产关系。这些生产关系的总和构成社会的经济结构，即有法律的和政治的上层建筑竖立其上并有一定的社会意识形式与之相适应的现实基础。物质生活的生产方式制约着整个社会生活、政治生活和

---

① 《马克思恩格斯文集》第 1 卷，人民出版社 2009 年版，第 520 页。
② 《马克思恩格斯文集》第 1 卷，人民出版社 2009 年版，第 520 页。
③ 《马克思恩格斯文集》第 1 卷，人民出版社 2009 年版，第 533 页。
④ 《马克思恩格斯文集》第 1 卷，人民出版社 2009 年版，第 521 页。
⑤ 《马克思恩格斯文集》第 1 卷，人民出版社 2009 年版，第 536 页。
⑥ 《马克思恩格斯文集》第 1 卷，人民出版社 2009 年版，第 536 页。
⑦ 《马克思恩格斯文集》第 1 卷，人民出版社 2009 年版，第 536 页。
⑧ 《马克思恩格斯选集》第 1 卷，人民出版社 1995 年版，第 345 页。

精神生活的过程。不是人们的意识决定人们的存在，相反，是人们的社会存在决定人们的社会意识。社会的物质生产力发展到一定阶段，便同它们一直在其中运动的现存生产关系或财产关系（这只是生产关系的法律用语）发生矛盾。于是这些关系便由生产力的发展形式变成生产力的桎梏。那时社会革命的时代就到来了。随着经济基础的变更，全部庞大的上层建筑也或慢或快地发生变革。"①从生产力与生产关系的矛盾运动考察社会形态演变的趋势，社会形态演进将经过"亚细亚的、古代的、封建的和现代资产阶级的生产方式"②等形式，这就是"四形态说"。这种划分是基于人的自由实现的程度，他把有阶级存在的社会称为史前时期的社会，而真正的人类社会他称为真正的属于人的文明史。

人们所熟知的历史上有五种基本类型的生产关系是苏联教科书体系的总结。

马克思主义绝不是"从社会整体的历史自我运动的冷酷逻辑出发的"③，唯物史观探究社会历史的理论旨趣，并不是仅仅为了发现隐藏于历史背后的社会规律，建立一种研究社会历史的理论体系，其理论价值诉求是为了现实的人的幸福，因此，马克思主义考察历史时贯穿着两条相互呼应的主线：第一，从社会基本矛盾视角研究社会发展，探索推动社会发展的动力机制及社会发展的总趋势；第二，从"现实的个人"与其身处其中的社会关系中定位社会发展的水平和未来趋势。他主张首先应当避免把"'社会'当做抽象的东西同个体对立起来。个体是社会存在物"④。马克思在《1857—1858年经济学手稿》中，通过分析人与社会的关系，发现人的个性发展与社会发展状况密切相关："人的依赖关系（起初完全是自然发生的），是最初的社会形式，在这种形式下，人的生产能力只是在狭隘的范围内和孤立的地点上发展着。以物的依赖性为基础的人的独立性，是第二大形态，在这种形式下，才形成普遍的社会物质变换，全面的关系、多方面的需要以及全面的能力的体系。建立在个人全面发展和他们共同的、社会的生产能力成为从属于他们的社会财富这一基础上的自由个性，是第三个阶段。第二个阶段为第三个阶段创造条件。"⑤这一理论揭示出在社会历史发展的长河中，个人在既定的社会结构中的发展状况也是衡量社会发展水平的一个重要尺度。在人的发展的最初历史形态中"人的依赖关系"表现得很突出，"越往前追溯历史，个人，从而也是进行生产的个人，就越表现为不独立，从属于一个较大的整体：最初还是十分自然地在家庭和扩大成为氏族的家庭中；后来是在氏族间的冲突和融合而产生的各种公社

---

① 《马克思恩格斯选集》第2卷，人民出版社1995年版，第32—33页。
② 《马克思恩格斯文集》第2卷，人民出版社2009年版，第592页。
③ 〔俄〕尼古拉·伊万诺维奇·雷日科夫：《大国悲剧：苏联解体的前因后果》，徐昌翰，等译，新华出版社2012年版，第79页。
④ 《马克思恩格斯文集》第1卷，人民出版社2009年版，第188页。
⑤ 《马克思恩格斯全集》第30卷，人民出版社1995年版，第107—108页。

中"①，由于生产力水平低下，生产只是自给自足式的社会生产，人自身的生产占据主导地位，物质资料的生产"顶多是附带的事情"。狭小、封闭、保守的生产方式使人臣服于自然的威力，不具备独特能力和独立本质。人受制于自己所处的共同体，受制于人与人之间的依附关系，不具备独立性和自主性。这时，人的个性与其社会性是同一的。不同的个体之间的差异无异于一个个马铃薯之间的差别，个人的个性就是其所处的共同体的个性。在"以物的依赖性为基础的人的独立性"为特点的社会，人的生产能力的提高推动着生产规模的不断扩大，商品生产的触角延伸到人的生活的方方面面，拓展了人多层面的需求和活动的空间。商品生产的普遍性、城市的发展赋予了个人挣脱对"共同体"的人身依附的力量，成就了自身的独立性和自主性。人的个性与其社会性分离，继而导致个人与社会的分化，独立的个人由此形成。虽然这种独立仅是以物的依赖为基础的独立性，但与以"人的依赖关系"为主的社会形态相比，这种独立仍是人的发展中极大的进步。以人的全面自由发展为标志的社会是未来共产主义社会，在这种社会中，随着人们共同的社会生产能力成为他们的社会财富，社会生产可以直接满足全体社会成员的需要，旧的商品生产和交换将成为过往，随着人与人之间的关系中物化的经济元素的消亡，人成为社会的主人，人与人结成自由人的联合体，每个人在这个联合体中并通过这种联合体获得自由，形成自由个性。

以上社会发展形态说是马克思和恩格斯在同一时期、从不同的视角对社会发展的历史进程所做的趋势分析，有着内在的、不可分割的联系，共同构成唯物史观层面的社会发展理论。尤其是恩格斯在《家庭、私有制和国家的起源》中，提出了两种人类物质生活的生产理论，揭示了既定历史时代的社会制度一方面受生活资料和为此所必需的工具生产的制约，另一方面受人自身生产的制约。这本书的研究更有力地证明了，人自身的发展和社会结构之间的制约关系，也为我们全面理解马克思社会发展理论指明了思路。这个思路就是：既要从现实的人的物质生产关系中关照历史发展的趋势，也要从人身处其中的社会关系的生产中推动历史的发展。而社会关系的生产其实就是人类在现实的生活过程中所形成的各类关系，它在社会层面必然体现为社会制度和体制②。换言之，全面把握马克思主义社会发展理论，就必须研究体现在制度层面的社会关系的建构。

2. 社会工程规律是探索中微观层面的社会发展理论

说社会工程是中微观社会发展理论，主要是讲它研究的是具体的社会发展理论，是研究应对具体社会问题时表现出来的对策的生成规律。社会工程规律研究是以特定的社会为研究对象的社会发展理论的一种类型。具体的社会发展理论按

---

① 《马克思恩格斯全集》第30卷，人民出版社1995年版，第25页。
② 田鹏颖：《社会工程视域下"社会关系生产"的新形态》，《中国社会科学》2012年第10期，第10页。

照丰子义的说法，以特定社会为研究对象的发展理论，主要研究某种社会形态的起源、发展和未来走向，同时研究社会发展的前提、条件、环境、方法、途径、机制等问题，为分析社会发展提供具体性的意见[①]。由此，波普尔的"零碎的社会工程"、特纳的社会宏观动力学、吉登斯的结构化理论、詹姆斯的"乌托邦式的大型社会工程"理论等均属此列。

我国哲学界对社会发展中观层次理论的研究始于改革开放以后，学者对唯物史观的深入思考和对中国社会主义建设实践的深切关注，催发了马克思主义指导下的社会工程研究。马克思主义唯物史观层面的社会理论发现了生产力与生产关系、人的发展与社会发展的内在的逻辑脉络，根据它可以判定一种社会关系是否适合生产力的发展、一种社会形态是否有助于人的发展。但是如果不适合，应该怎么办，这个问题唯物史观不能直接给出回答，即宏观层面的社会发展理论可以解决政策的"判断"问题，不能解决政策的"供给"问题。对于历史发展最一般结果的概括，马克思曾说："在思辨终止的地方，在现实生活面前，正是描述人们实践活动和实际发展过程的真正的实证科学开始的地方。关于意识的空话将终止，它们一定会被真正的知识所代替。对现实的描述会使独立的哲学失去生存环境，能够取而代之的充其量不过是从对人类历史发展的考察中抽象出来的最一般的结果的概括。这些抽象本身离开了现实的历史就没有任何价值。它们只能对整理历史资料提供某些方便，指出历史资料的各个层次的顺序。但是这些抽象与哲学不同，它们绝不提供可以适用于各个历史时代的药方或公式。"[②]这种科学抽象不是历史哲学，理论抽象的普遍性，代替不了现实生活面前，"人们实践活动和实际发展过程"[③]。正如丰子义所讲的，伟大的实践需要科学的理论指导。这就要求我们的理论研究更贴近社会发展现实，能够具体引导人们按照现代化的发展规律和内在要求去进行各种活动，以促进经济增长和社会全面发展。然而，我们通常所讲的社会发展理论还不能很好地承担起这一任务，它至少有两个方面的局限：一是理论研究的对象仍局限于历史观的一般问题，重点放在社会发展本质、矛盾、规律等问题的分析上，致力于社会历史发展的宏观研究，而对社会发展的现实问题以及各种具体问题则很少予以探讨；二是与研究对象和研究目的相适应，研究方法也大都固守于抽象分析法、逻辑演绎法、分析综合法等，而且在运用这些方法时，不是重点对现代化进程中的丰富实践进行理论概括，而是原理实践进行理论演绎，因而得出的是一些比较抽象的规律与原则，使得活生生的社会发展理论成

[①] 丰子义：《马克思社会发展理论的当代意义：访北京大学哲学系教授丰子义》，《马克思主义研究》2010年第1期，第24页。
[②]《马克思恩格斯文集》第1卷，人民出版社2009年版，第526页。
[③]《马克思恩格斯文集》第1卷，人民出版社2009年版，第526页。

了"一般的历史哲学"。①如此，我们进行中国特色社会主义伟大实践时，必须进一步追问，一个旧的制度模式、政策模式不适应社会发展了，或者一个旧办法应对不了新问题了，应该怎么办？在建构新的社会模式时应怎样做？构建新的社会模式有无规律可循？对此一系列问题的探索提示我们必须重视社会工程规律的研究。

第二节 社会工程规律及其生成

人类实践活动离不开思维中的两个着力点，即"是什么"和"如何是"，但在传统理论哲学领域"如何是"的问题却是哲学家不屑研究的。一方面，以"实体—属性"为基本结构的本体论思维方式下的规律观把规律定位在对既定事物实体及其属性的相关性的判断上，遮蔽了"是什么"和"如何是"层次上的差别。另一方面，看重形而上的思辨，贬低形而下的技术观念，也使"如何是"的问题进入不了哲学家的视域。早在古希腊时期，亚里士多德就说：在全部科学中，那更善于传授各种原因的人，有更大的智慧。在各门科学中，那为着自身，为知识而求取的科学比那为后果而求取的科学，更加是智慧。②中国古代的《易·系辞》中更有"形而上者谓之道，形而下者谓之器"之说。重思辨，轻技术，使人类实践活动领域中的一种具有根本性的问题——规律的"是什么"与"如何是"的问题在哲学层面被忽视了。而现代实证主义以科技作为后盾，拒斥形而上学的科学性，使这个问题无论是在哲学层面还是在实证科学层面都没有找到一个很好的结合点，难以进行深入研究。然而人类活动，特别是与人类生产生活密切相关的社会工程、工程活动的发展，直指此问题的核心，因为其不仅涉及"是什么"，更重要的是要解决"如何是"的问题，以及解决如何合理、有效的问题。由此，在社会工程领域反思传统的存在论规律观就成为工程哲学研究的重要问题之一。

社会工程研究探索制度性事实的建构与转换，其实质是推动社会结构由实然状态向应然状态、从现实状态向理想状态转化，其过程中要权衡认识、思维、实施、效果等各个层面的利弊得失，它是一种动态化解、平衡矛盾的社会实践活动。这一社会实践活动有其自身的内在矛盾：第一，实然与应然的统一。社会工程应对的是从社会实然状态向应然状态过渡的问题，把社会发展的规律性、社会治理的有效性和人们社会生活的有序性有机统一起来，使社会系统内部要素之间协调

---

① 丰子义：《现代化的理论基础：马克思现代社会发展理论研究》，北京师范大学出版社集团、北京师范大学出版社2017年版，第3页。

② 〔古希腊〕亚里士多德：《形而上学》，苗力田译，中国人民大学出版社2003年版，第4页。

有序、良性转化、稳步发展，是研究社会工程的目的。缓和、消解既定社会结构与理想社会结构之间的矛盾是社会工程活动需要面对的内在矛盾。第二，模式选择上的多元与一元的统一。社会模式的具体构成可以根据规律、价值、情境的不同组合设计出多种可能的形式。社会工程就是要从中选择合理有效的社会政策、制度设计，即模式的选择是从众多可行的选项中甄别和抉择出合理、有效的模式，表现在社会工程实现途径的抉择上是"多"与"一"的统一。

社会工程特有的内在矛盾造就了其自身运动独具的规律性。社会工程规律源于变革社会关系的活动中涉及的各个要素之间的制约性，它所揭示的是社会规律的实现形式问题，也就是对策、方案、计划、模式如何形成的问题、怎么办的方法论问题。

一、社会工程规律是建构性规律

（一）社会工程规律是建构具体社会模式的活动规律

社会工程规律是指人在变革社会的活动中建构具体社会模式的过程中所存在的活动规律，它体现的是社会变革中各种具体的社会事物之间相互作用的建构性规律。在社会工程活动中，人与自然的关系和人与人的关系通过具体的社会实践活动交织在一起。自在的自然规律由于人的介入，引入了价值参量，使事物与事物之间纯粹的因果关系转化为因果性和目的性的统一，并通过社会工程活动和结果呈现出一种新的社会关系。社会工程活动就是人在建构具体社会关系的活动中，自觉运用客观规律，使之按照主体的需要发挥作用。[①]马克思从社会基本矛盾、人与社会的关系两个视角进行考察发现了生产力和生产关系、人的发展与社会发展之间的内在逻辑，我们称为社会规律。"物质生活的生产方式制约着整个社会生活、政治生活和精神生活的过程。不是人们的意识决定人们的存在，相反，是人们的社会存在决定人们的意识。社会的物质生产力发展到一定阶段，便同它们一直在其中运动的现存生产关系或财产关系（这只是生产关系的法律用语）发生矛盾。于是这些关系便由生产力的发展形式变成生产力的桎梏。那时社会革命的时代就到来了。随着经济基础的变更，全部庞大的上层建筑也或慢或快地发生变革。"[②]人的依赖关系是最初的社会形态，以物的依赖性为基础的人的独立性是第二大形态，"建立在个人全面发展的和他们共同的、社会生产能力成为从属于他们的社会财富这一基础上的自由个性，是第三个阶段"[③]。以上社会规律告诉我们：生产关系要适应生产

---

① 王宏波、杨建科、周永红：《社会工程是马克思主义理论的社会应用形式》，《马克思主义研究》2009年第12期，第37—38页。
② 《马克思恩格斯选集》第2卷，人民出版社2012年版，第2页。
③ 《马克思恩格斯全集》第30卷，人民出版社1995年版，第107—108页。

力的要求，如果生产关系与生产力不相适应就会阻碍生产力的进一步发展，同时社会发展的状况制约着人的发展。但是，建构一种怎样的生产关系才能符合生产力的要求？这是政策的供给问题——社会制度、社会规则的建构问题，社会规律本身没有提供答案。社会工程的主旨是把一种潜在的社会关系转化为现实的、具体的社会关系。也就是从社会问题出发，把人与人之间的社会关系具体化，并上升为变革社会的理念，进一步将它转化为具体的社会关系形式，从而真实表达人与人之间的关系。总而言之，社会工程活动是潜在的社会关系现实化的过程，是寻找符合社会规律，合乎人们真实意愿的社会关系的实现形式，探索和寻找真实的社会关系模式的活动过程。从认识论角度看，社会工程规律就是在认识过程的第二次飞跃中生成的，揭示从社会发展理念到实际变革社会的模式设计规律。

（二）社会工程规律是变革社会的实践活动过程中体现出来的变动规律

从社会建构角度讲，社会工程规律是具体的变革社会关系结构的规律，揭示的是人类实践活动过程中，特别是变革社会结构过程中的因果性和目的性相统一的内在联系，是变革社会的实践活动过程中体现出来的建构性变动规律。它是社会规律、自然规律、工程规律与人在改造社会活动的互动中形成和体现出来的因果性与目的性的统一。由此，我们可以说，社会工程活动的目的并非提出某种社会发展理论，而在于设计一种社会蓝图并去实现它，从而促进社会进步。社会工程既是一种研究活动，又是一种社会治理的实践活动。它围绕着如何使社会活动结构变得更加有利于促进社会进步这一目标，把政策研究与政策实施统一起来，把政策框架的分析与政策框架的转变统一起来，通过社会工程研究中政策变量的选择去促进社会结构的转变。社会工程活动旨在实现两个转变：社会活动结构的转变与政策框架或制度安排方式的转变，它们是社会工程活动同一个过程的两种不同表达，二者都是运用社会规律，使客观规律按照主体的意愿发挥作用。社会发展是历史活动中的人从既有的社会结构现状出发，综合运用各种知识进行蓝图设计，描绘出未来社会的图景，再通过政策实施改变社会结构，推动社会的发展，如此反复实践逐步引领社会向未来理想状态发展。转变中的社会是人运用所掌握的规律为主体的目标服务的活动的结果，它所遵循的规律之一是社会工程规律。所以，社会工程规律是灵活运用以社会规律为基础的各种客观规律改造社会结构，促进社会进步的实践规律。它表现为以某一种具体的社会结构模式的功能设计为联结点，整合存在于社会、经济、文化、科学、技术要素中的具体规律之间相互制约的关系，因而社会工程规律是一个规律群。

简要地说，社会工程规律就是以要建构的社会事物为目标而集结在一个设计空间中的若干要素的客观规律相互作用和相互制约的建构性规律。社会工程规律是在社会模式转化过程中生成的规律。社会工程活动是基于认识过程的第二次飞跃，旨在解决如何用新的社会模式替代旧的社会模式从而推动社会进步。社会模式转化过程中特有的矛盾，生成了不同要素之间具体的互动关系。

二、社会规律与社会工程规律的联系

对社会规律认识上的判断不能代替具体社会形态的建构问题。唯物史观理论本身的要求与其具体的研究方式并不是一回事。①但是，二者又有着密切的关联。

（一）社会规律制约着社会工程规律发挥作用的空间

社会规律制约着社会工程规律发挥作用的空间，是社会工程活动的理论基点之一。宏观层面的社会发展规律表现为一种历史观，它揭示了生产力和生产关系、人的发展和社会的发展的相关性，以及社会形态由低级到高级的更替趋势，是对人类社会历史总体关系和走向的一种理论抽象。社会规律超越了具体国家、民族社会发展的具体情境，是我们创造具体社会模式的理论基点。人们不可以无视现有的生产力和生产关系的现状、人与社会关系的现实，去建构新的社会模式。马克思说："无论哪一个社会形态，在它所能容纳的全部生产力发挥出来以前，是决不会灭亡的；而新的更高的生产关系，在它的物质存在条件在旧的社会的胞胎里成熟以前，是决不会出现的。"②从人与社会的关系看，社会的发展和人的发展是辩证统一的，二者互为前提和基础，互为目的和手段。创建新的社会模式要尊重个人的发展。社会是由无数独特的个人组成的，离开了个人社会就不复存在，更谈不上发展。社会正是在无数个人有目的的活动中发展的，社会发展的规律也是在这样的活动中形成、展开和实现的。从这个意义上讲，正如恩格斯所说的："历史不过是追求着自己目的的人的活动而已。"③社会历史的发展是每个追求自己目的的人的活动的总和，而个人的活动的目的就是使个人获得某种发展。所以，马克思说："人们的社会历史始终只是他们的个体发展的历史，而不管他们是否意识到这一点。"④个人通过自己的活动获得发展，从而推动社会发展。在无产阶级被剥削、被压迫的资本主义社会，要实现每个人的自由发展的共产主义社会就必须借助政治革命来实现，在社会主义

---

① 丰子义：《发展的呼唤与回应：哲学视野中的社会发展》，北京师范大学出版社2009年版，第343页。
② 《马克思恩格斯选集》第2卷，人民出版社1995年版，第32—33页。
③ 《马克思恩格斯选集》第2卷，人民出版社1995年版，第33页。
④ 《马克思恩格斯选集》第4卷，人民出版社1995年版，第532页。

建设实践中，要实现人的自由发展就要探索以人为本、科学发展的社会发展模式，为人的发展提供社会条件。

（二）社会工程规律是社会规律的理论探索的延伸

社会规律揭示了生产力发展与生产关系、人的发展与社会的发展的辩证关系，即社会发展就是社会发展与人的发展的一致、历史尺度和价值尺度的统一。这也说明生产力的发展就应该内含人的发展，不能将二者分开。生产力的发展与人的发展的一致性就要体现在具体的政策、制度模式层面，实现于具体的社会关系形式上，否则就不可能实现生产力与人的发展的双赢。古典经济学对生产力的发展研究既深入又精细，但见物不见人的管理终究不能实现生产力的发展与人的发展的一致性。19世纪末，亚当·斯密就发现了劳动分工对经济效益的影响。他认识到，单项作业有利于技术熟练，单项作业节省工作时间，单项作业有利于发明新工具。但是，他的管理制度存在的一个缺陷就是把人撇除在外，只讲要素的配置，没有突出人在生产力发展中的地位问题，是撇开生产关系来谈生产力的。现代西方科学管理之父美国的泰勒首创了"劳动定额""工时定额""计件工资制"等一系列科学的管理制度和方法，并在1911年出版了《科学管理原理》一书。他对提高生产效率的研究已经精深到对工作进行动作研究和时间研究。他认为，只要管理人员制定出合理的标准工作程序和方法，工人就会如机器般严格按标准工作程序来做，工作效率便能大幅增加。他甚至用科学的方法来分解人在劳动中的机械动作，研究最有效的动作幅度、时间以提高工作效率。他对提高生产效率的研究可谓是深入精微之处，但这种管理理论仍然深陷见物不见人的理念窠臼。生产力的发展和人的本质力量的展现有内在的联系，生产力的发展是人的本质力量的展现、实现，生产力的发展也是人的潜能、能力的发展。制度模式的设计如果背离人的发展的价值尺度，而一味地追求生产力的提高，终究不能实现推动社会发展的目的。这也是西方科学管理模式未能实现生产力与人的发展双赢的原因之一。唯物史观视域下的社会发展就是社会发展与人的发展的一致、历史尺度和价值尺度的统一。但是，马克思主义社会发展理论就特定历史阶段来看，历史的尺度和价值尺度又有可能不一致。二者的不统一是就某个历史阶段看的，统一是在不统一的过程中实现的，历史的进步就是在矛盾发展的过程中实现的。只有把这两个尺度结合起来才能还原马克思主义社会发展理论本来之面貌，也是对马克思主义社会理论的完整理解。而要在现实生活中实现历史尺度和价值尺度的统一，就必须在社会制度性事实的建构中寻找二者结合的模式，这就是社会工程规律要研究的中微观层面的社会发展理论，所以说社会工程规律的研究是社会规律的理论探索的延伸。

第三节 社会工程规律的表现及其特点

社会工程规律表现在人类变革社会的活动中,主要有:人的社会行动本身的规律性决定了社会模式设计的规律性;社会工程活动及其结果表现出生命周期的规律性。社会工程规律是社会事物、制度性事实生成和发展、社会模式转换的规律。

一、社会工程规律的表现

(一)社会工程模式设计的规律性

人的社会行动本身的规律性决定了社会模式设计的规律性。社会工程模式设计坚持以人为本、以物为据,这是社会工程模式的两个设计维度。以人为本的价值尺度和以物为据的唯物主义立场决定了社会模式设计中所涉及的各种约束条件及其关系是客观存在的,无法规避、忽略的考量因素。一方面,社会工程模式设计受各种客观规律的制约;另一方面,社会工程模式设计是以人为主体的新的制度性事实的建构活动,人的社会行动本身的规律性决定了社会模式设计的规律性。模式设计既要考虑人的要求,也要遵循人行动的规律。身处既定社会团体中的人对新制度持什么态度、会实施怎样的行为以及在新制度设计中如何确立他获得新制度所带来的利益。公共选择理论的先行者曼瑟尔·奥尔森认为,有共同利益的个人组成的集团,如果制度设计不是有选择的激励,人们就不会主动采取行动去实现集团的利益。他说,认为从理性的和寻求自我利益的行动这一前提可以逻辑地推出集团会从自身利益出发采取行动,这种观念事实上是不正确的。如果一个集团中的所有人在实现了集团目的后都能获利,由此也不能推出他们会采取行动以实现那些目标,即使他们都是有理性的和寻求自我利益的。实际上,除非一个集团中的人数很少,或者除非存在强制或者其他某些特殊的手段以使个人按照他们的共同的利益行事,有理性、寻求自我利益的个人不会采取行动以实现他们的共同的或集团的利益。换句话说,既使一个大集团中的所有个人都是有理性的和寻求自我利益的,而且作为一个集团,他们采取行动实现他们共同的利益或目标后都能获益,他们仍然不会自愿地采取行动以实现他们共同的或集团的利益。[1]因此,社会制度模式设计中对人的活动规律的认知、人性的认知及所属团体的认知都是需要参考的向量。对于社会模式和制度模式设计,奥尔森的研究给我们的启示是要给予为集团利益而奋斗的个人以独立激励。因为除非在集团成员同意分担

---

① 〔美〕曼瑟尔·奥尔森:《集体行动的逻辑》,陈郁、郭宇峰、李崇新译,格致出版社、上海三联书店、上海人民出版社1995年版,第2页。

实现集团目标所需的成本的情况下给予他们不同于共同或集团利益的独立的激励，或者除非强迫他们这么做，不然的话，如果一个大集团中的成员有理性地寻求使他们的自我利益最大化，他们不会采取行动以增进他们的共同目标或集团目标。在缺乏强制或缺乏上述的独立激励时，这样的大集团也不会建立组织以追求他们的共同目标[①]。

奥尔森的研究从一个侧面揭示了人的行动规律和制度效用之间的相互约束关系。而社会制度模式设计过程中所涉及的各种复杂因素使每一项模式的设计都更为复杂。从设计内容上讲，模式设计包括模式蓝图设计和模式实现途径设计。模式设计研究主要是针对制度性事实之间的约束条件，包括社会约束条件（社会阶层分化、社会流动、社会异质性、平等、社会舆情与稳定等）、自然环境与生态约束条件，还要分析各类约束条件的变动关系及其影响。在此基础上，针对具体的约束关系和约束因素再制定具体的对策，解除相应的约束，缓和各要素之间的对立，通过社会系统结构的转换实现社会目标。从模式设计架构来讲，规律、价值、情境的不同结合会产生多种实现形式。在模式设计过程中只有充分认识要素之间的约束条件、并在操作中因势利导，才能使新的社会模式发挥其推动社会进步之本旨。

（二）社会工程活动过程的规律性

社会工程活动及其结果是一个有生、有续、有衰、有灭的过程，表现为生命周期的规律性。社会工程解决的是紧急且重要的社会问题，表现为在对既有社会问题诊断和研判的基础上，权衡、抉择当下的社会行动方式并对未来社会结构重构。因此，社会工程活动的现实基础和逻辑起点是从"问诊"现实出发，界定亟待解决的社会问题和确立欲达目标。首先，以社会中存在的紧急且重要的社会问题为切入点，比较现实状况与理想状况之间的裂痕，诊断社会问题的症结所在，即定位社会问题。其次，综合权衡各种解决方案确定可能达到的目标。最后，以目标为引导，综合考虑现实、历史和环境等各种约束条件，设计和建构新的社会模式和社会规则体系，并将它嵌入既有的社会结构和社会主体的行动中，通过社会引导和干预使社会结构发展向既定目标趋近。至此，完成一个单向社会工程流程周期。在推动社会进步的过程中，社会工程的周期性表现为它是一个有结构的目标体系或者递进目标链条。理想的诉求和现实状况之间的差距或裂痕不是一个社会工程周期就能弥合、化解、消除的，理想社会结构的建构也不是一步到位的，而是需要经过持续的推动和长期、有计划的努力才能逐渐实现的。同时，社会工

---

① 〔美〕曼瑟尔·奥尔森：《集体行动的逻辑》，陈郁、郭宇峰、李崇新译，格致出版社、上海三联书店、上海人民出版社 1995 年版，第 2 页。

程目标的实现，需要通过不同层次的社会设计和建构，连续生成配套的、递进的社会模式、制度或政策，介入社会运行，通过多个周期的社会工程流程渐近，最终向总体设计目标趋近。一个社会工程作用周期的完成，可能只是实现了总体目标中某个层面的子目标，是后续的社会工程作用周期的起点，更理想、更有效的目标的实现，需要建立在对前一个社会工程目标的社会效果反馈的基础上，对未来社会工程进行不断的探索（图3-1）。

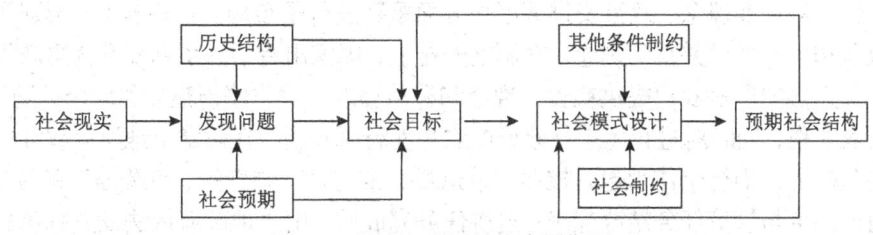

图3-1　社会工程活动生命周期图

在现实改造社会关系的社会活动中，绝不是一次性的、一揽子地解决所有面临的社会问题，而往往是需要经过多个周期的循序渐进，不断改进和提升的。一项成功的社会政策、制度设计受人们价值立场、认识能力、认识水平的限制，以及具体情境的约束，政策、制度的效果往往需要长期的考察和印证，所以，无论政策、制度的出台，还是其效果的评价都是在实践中逐步推进的。例如，1949年以来陕北地区实施的"退耕还林"政策的演变就微缩了社会工程运行的渐进流程。早在1949年4月，当时晋西北行政公署就发布了《保护与发展林牧业暂行条例（草案）》，草案规定："已开垦而又荒芜的林地应该还林，离地附近已开垦的林地，如易造林、应该停止耕种而造林，林中小块农田应停耕还林。"随后，1952年中央签发了《关于发动群众继续开展防旱、抗旱运动并大力推行水土保持工作的指示》，1955年全国人民代表大会决定实施《黄河中游各省区营造水土保持林计划》，1957年5月国务院全体会议通过的《中华人民共和国水土保持暂行纲要》等。在这一时期，为了保证国家工业、建筑和军事用材的需要，特别是建国初期，百废待兴，国家经济建设急需大量木材，同时也是依靠资源进行原始积累的必然要求，因而造林的主要目的是对森林的经济性利用[①]。可见，当时政策指向的社会目标（价值排序）定位于服务于国家的经济需要。在中华人民共和国成立初期，国民普遍不富裕，此项政策还不完全是环保意识超前的体现，而是为满足国家经济需要又是改善环境的举措。政策虽达到了预期效果，但原因是多重的、对此政策的认识也是多方面的。但到1958年"大跃进"时期，随着国家重点建设的转移，在大炼钢铁的热潮中，退耕还林和植树造林及治理山河被弃之一边，尤其是在林牧业生产

---

① 牛昉：《退耕还林还草参与式评估研究》，西北大学出版社2007年版，第56页。

下滑，经济萎缩，加之 20 世纪 60 年代的特大自然灾害……饱受饥饿和贫穷之苦的农民，为解决温饱大肆毁林开荒，种地打粮，使生态建设遭受到进一步的破坏，水土流失更加恶化，大面积的土地成了荒山秃岭。[①]社会目标（价值排序）的转移，遮蔽了居住地人们现实中面临的真正的社会问题，但民以食为天的铁律、生存第一的自然法则必然会挣脱社会政策的约束，无视生存法则的社会政策是难以推行的。因此，原有退耕还林的举措被搁置了。改革开放以来，国家深刻认识到生态建设的重要性。从发展理念、政策安排等诸多方面重新进行了布局。在理念上，形成了经济效益和生态建设并重的理念。在制度安排上，国家出台了一系列配套优惠政策措施，如无偿向退耕农户提供粮食、现金和种苗补助；农户停领粮食和现金补助后，免收农业税，同时对进行生态林建设的农户实行减免税。在确定土地所有权和使用权的基础上，推行个体承包，按照"谁退耕、谁造林、谁管护、谁受益"的原则，把植树种草与管护任务结合起来；退耕任务完成后，由当地政府依法发放林草权属证书，明晰产权，为退耕农户从事林草管护和其他生产活动、防止复耕提供法律保障；建立分级技术培训制度，对基层干部和农户进行政策与先进实用技术培训。从"退耕还林"政策最终实施成功的探索过程我们可以看出：第一，国家发展理念的重新调整，顺应了人生存第一的自然法则的要求，把经济效益和生态建设结合起来。第二，为"退耕还林"政策推行辅之以配套措施，建立了选择激励机制。"谁退耕、谁造林、谁管护、谁受益"原则调动了农户参与的自觉性和主动性，这是新的治理模式得以有效贯彻的保障。1978 年以来，历经多年的实践积累，逐渐探索出了一套"退耕还林、封山绿化、个体承包、以粮代赈"新的生态建设模式，一项旨在山川秀美的工程随之启动。

由此可见，一项有效的社会政策的出台，除了需要国家大政方针的支持，在其微观操作层面还受诸多因素的影响。国家大政方针影响具体政策的方向；国家政策的支持可以解决局部利益和整体利益发生冲突时的补偿问题。一种行之有效的社会模式，需要在实践中进行不断的尝试、修正。要建构一种成功的模式，需要根据社会工程实践检验的反馈进行不断修正、改进，这是一个多周期的循序渐进、逐步攀升过程。随着对原有模式反馈的改进，人的认识不断深入，新的模式设计和运行的效果也将不断完善与提升。对社会工程周期性的把握，为提高其效率提供了条件和可能性。

（三）社会模式转换的规律性

社会工程规律是社会事物、制度性事实生成和发展、社会模式转换的规律。在转换社会结构过程中，人们设计一种新的社会模式嵌入旧的社会模式，使新的

[①] 牛昉：《退耕还林还草参与式评估研究》，西北大学出版社 2007 年版，第 56 页。

社会模式替代旧的社会模式，改变既有的社会结构，这种新旧模式的转换是有规律可循的。它表现为以下几个方面：第一，路径依赖与路径创新。新模式需要经历多个社会化过程渗入人们的日常生活行为方式中，使它成为人们习以为常的行为习惯和处事原则。正如福山所说的，即使社会规范最初是通过理性谈判或慎重选择而产生的，这些规范也是经过一个社会化的过程才传给后代的，这一社会化过程就是让人们习惯于某种行为模式。[①]社会化的过程包括行为习惯的形成、人们自觉参与的程度和接受程度等。一种新的社会关系或社会模式要取代旧的社会关系或社会模式既要借助旧模式在社会化中的影响，又要有所创新，只有这样才能促使新的社会关系得以确立。第二，示范性扩展效应。一项新的政策、制度的出台其效果的适用性可以带动更广泛的效仿，从而以点带面，扩大其影响的范围。第三，帕累托改进。政策、制度的出台关乎其所涉及主体的利益的重新调整，任何形式的改变都要确保至少有一个人受益而同时又不使其他人受损害。福利经济学通常把这种至少一个人的状况变好，同时没有任何人的状况变坏的资源重新配置称为帕累托改进。一项新的社会政策、社会制度的出台，要让大多数人受益，且又不损害其他人的利益才能够得以推行。例如，某单位给旧楼加装电梯，由于住户意见不一致迟迟不能实施。低层住户无此需求又无故受扰，故而坚决反对；住在中部的住户因为年纪尚轻，还有购房的机会，并不太想在此工程中投资，左右摇摆；高层住户得不到支持，眼看加装电梯工程遥遥无期，倍感郁闷。经多次协商在众多的方案中增加了一条：增设观光电梯——以电梯宽度为界，所有住户的现有面积向外扩展数平方米。该提案一经提出，众住户一致赞成，加装电梯工程顺利实施。

（四）知识搜索和思想创造相互作用的规律

社会工程要调动各学科知识共同应对社会问题，而各种学科、领域的知识并不是直接被嵌入社会领域中去的，因为知识本身并不能直接影响社会，知识的运用需要思想的引领，要通过模式设计进行转换。通过模式设计把一个对事物的各种判断性命题深化为理论命题，进而成为实践智慧，形成具备可操作性的模式，知识的搜索和思想的创造在社会工程实践中是互为影响的。社会工程的目标是建构新的社会关系，而新的存在物之所以得以生成必须满足两方面的逻辑规定即内在秩序的形成和外在秩序的形成。内在秩序是构成新事物所必须的相关因素之间的关系，外在秩序是新生事物与环境等诸要素的关系。新的存在物的建构实质上是新的关系形式的建构，新的关系形式就是新的秩序[②]。构建新的社会关系和秩序

[①]〔美〕弗朗西斯·福山：《大分裂：人类本性与社会秩序的重建》，刘榜离，等译，中国社会科学出版社2002年版，第278页。

[②] 王宏波：《工程哲学与社会工程》，中国社会科学出版社2006年版，第30页。

需要经历一个知识搜索和知识创造性转化的过程。社会关系的重建是一种新秩序的生成，也是一种制度模式的创新。如果我们真的证明了（在现代意义上是'知道—如何'）与思想已经永远分道扬镳，那么，我们确实变成了无助的奴隶，而且是我们的'知道—如何'的奴隶，变成了无思想的生物，受任何一个技术上可能的玩意儿的操纵，哪怕它会置人于死地。①

二、社会工程规律的特点

（一）参与要素的协调制约性

社会工程规律不是单一自然规律或个别社会规律的直接运用，它是指当设计的规则系统嵌入原有社会结构时，新旧社会结构中各要素相互约束变动的规律，而协调社会结构各要素之间的制约性是其首要特点。社会工程规律就存在于相关要素相互作用之中，体现为要素自身的规律的相互约束。从社会工程的活动过程看，社会工程规律是制约现实系统结构转换到理想系统结构的条件的表现，社会工程规律的作用实际上是协调现实社会系统结构变动过程中的约束关系以及客观环境的约束因素对这种变动的影响，以使社会结构的变动合乎主体的需要。

（二）主体与客体的双向互动性

社会工程活动是一种合规律、合目的的社会关系建构活动，在建构新社会关系的活动过程中，实践主体和客体是相互影响的。社会工程规律揭示的是社会模式的设计规律。在社会模式的设计过程中，实践主体对现有社会结构中的弊端有更为深刻的认识，对未来社会的图景有清晰的憧憬，因此社会工程活动所体现的是在对未来社会的改革方案的选择上，无论是在社会发展目标的选择、社会政策的制定上还是新社会关系的建构上都表现出带有明显的自觉性。在社会关系的建构过程中，主体的自觉意识和将要建构的社会关系相互影响，人在改变社会关系的同时，也改变自身的认识、思维和精神世界。

（三）作用方式与结果的综合建构性

社会工程规律不是对单一学科规律的直接运用，而是在综合运用多学科的规律中体现出来的规律群之间的相互制约、共同作用的建构性规律。社会工程规律的作用方式与结果具有综合建构性。从知识应用角度来讲，社会工程集结人文科学、社会科学、自然科学和工程科学等不同学科知识加以综合应用，所以社会工程规律是一个规律群，共同作用于社会事物。其表现为以下几个方面：第一，各科学规律的相互约束与综合。社会工程活动的目的是建构一种社会关系形式，协

---

① 〔美〕汉娜·阿伦特：《人的境况》，王寅丽译，上海世纪出版集团、上海人民出版社2009年版，第3页。

调社会成员之间的关系，促进或改善社会资源的产出状态。因此，需要处理人和自然的关系，故涉及各种自然规律；更需要处理人与人的关系，故涉及不同领域的社会规律，而且不能违背人自身的规律。所以，自然界的规律、社会的规律、人自身的规律等不同领域的规律在社会工程活动中都有所涉及，而且它们作用力的方向、作用效果的指向和程度也并不总是一致的。所以，需要按照社会需求将不同规律作用的效果综合起来，甚至需要按照社会需求改变客观规律的作用方式和作用程度。第二，处理多元价值观念的分歧。在社会发展过程中，不同的社会群体有着不同的价值观念和价值诉求。如何在多元价值观念的分歧中整合选取符合全局利益的社会政策是社会工程的主要任务。在社会领域，一项政策的制定要考虑到多元价值观念的分歧与整合问题。第三，处理多种发展理念的冲突与协调问题。社会的发展是一个复杂的历史过程，其间充斥着多种发展理念的相互矛盾和博弈。正视现有的条件、状况，协调不同理念间的冲突是社会工程的重要任务。因此，综合建构性是社会工程规律的又一重要特点。

（四）作用条件的时空限制性

社会工程处理的是社会的某一时段所要面对的重要而又紧急具体的社会问题，因此它有具体的时空限制。吉登斯认为，时空关系是社会系统的构成性特征，它既深嵌于最稳定的社会生活中，也包含于最为极端或最为激进的变化模式中。[①] 时空是事物和事件之间关系的表现形式，我们在事物、事件的关联中体验到时空。社会工程活动要解决的是社会事物的合理性问题：要尽可能合理的设计和选择社会事物；尽可能合理的设计和选择社会行动，从而提高成功的概率。同一个社会问题的处理方法，会因问题时空交汇节点的变化而有多种不同的可选择对策。因此，社会工程规律并非普遍规律，而是在具体历史时段表现出来的制约着社会事物各个要素的特殊规律。社会工程规律可因时间、空间的变化而变化，但在任何一个具体的时间和空间中，当要建构一种新的社会模式时，这种新模式所涉及的诸多要素自身规律间的相互作用存在着客观必然性关联。

三、社会工程规律研究的意义

（一）社会工程规律深化了反思历史的理论视角

社会工程规律从规律和模式、理论和对策的转换过程及其联系等方面为我们反思历史提供了新的理论视角。人类社会是一个由政治、经济、文化、思想等不同领域的活动所组成的纷繁复杂的系统，因而社会事物之间的关系不可能是单一的、一

---

① 〔英〕安东尼·吉登斯：《历史唯物主义的当代批判：权力、财产与国家》，郭忠华译，上海译文出版社 2010 年版，第 29 页。

维的简单关联，而是多系统、多层面的关系体系。谈到规律，人们更多地强调规律的客观性，认为规律是不以人的意志为转移的，却忽视了规律运作过程中，人的主体性和事物的规律之间的互动。社会工程规律揭示了在理论到实践的第二次飞跃中主体和客体相互作用生成的制约关系，揭示了建构新事物过程中的规律。

（二）研究社会工程规律有利于探索社会治理新途径

随着社会转型的深入，我国社会正面临着错综复杂的系列社会问题，探索社会治理的新路径是我们需要解决的理论和现实的实践问题。有学者提出，从经验到意识形态的一跃是致命的。人何以可能靠有限的经验设计出真正符合社会发展的制度、政策呢？这是对社会工程何以可能提出的怀疑。这实际上是在问人们所赖以存在的社会规则系统是自发形成的，还是通过人的社会设计过程实现的？依据社会工程规律设计的社会产物有没有合理性、正当性？正如吉登斯所说的，我们作为整体的人类，究竟在什么程度上能够驾驭那头猛兽？或者至少，能够引导它，从而降低现代性的危险并增加它所能给予我们的机会？现在我们怎么会生活在一个如此失去了控制的世界上，它几乎与启蒙思想家们的期望南辕北辙？为什么甜蜜理性（sweet reason）的普及并没有创造出一个我们能够预期和控制的世界？[1]究其原因，他认为首先是设计错误，其次是操作失误。不论一个体系的设计多么完善，也不管对它的操作多么有效，其实际的运作总是在被引入到其他系统和人类活动的范围以后才发生，所以，我们对它的种种后果就不可能都能料事如神，原因之一就是构成社会世界的系统和人类活动的复杂性。但是，即使我们想象世界（包括人类活动和物质环境）只是一个单一设计的系统（虽然在实际上这是不可能的），未预期的后果也还是会存在。[2]因此，设计错误无疑是司空见惯的。但同样地，从原则上讲，就依赖于社会化自然的体系而言，似乎没有什么理由认为我们不应该根除设计错误[3]。在人类社会发展过程中，很多有效的制度都是人建构、设计出来的，随着社会复杂性的加剧，还会有更多的社会规则将被设计出来。当然，就如吉登斯所说的，设计错误是"司空见惯的"，正因为政策设计有可能成功也有可能失败，政策的实施可能顺利推行也可能阻力重重，所以我们才需要建立一门学问去研究它，探索它的规律，提升它成功的概率。伊安·怀特劳就称"斯大林的第一个五年计划"是人类历史上最糟糕的决策之一。[4]原本想用集体化代替一种旧的生产方式，却没有料到与之相伴而来的还有大饥荒。集体化政策造成了几百万乌克兰人被饿死。于是，伊安·怀特劳断言：大规模

---

[1]〔英〕安东尼·吉登斯：《现代性的后果》，田禾译，译林出版社2011年版，第133页。
[2]〔英〕安东尼·吉登斯：《现代性的后果》，田禾译，译林出版社2011年版，第133页。
[3]〔英〕安东尼·吉登斯：《现代性的后果》，田禾译，译林出版社2011年版，第133页。
[4]〔加〕伊安·怀特劳：《权利的任性》，艾红译，党建读物出版社2015年版，第140—143页。

的社会改造通常会给人民带来意想不到的、有害的甚至恐怖的结果。[①]在我们看来，也正因为有许多失败的模式设计实践，才要追问实践模式的前提、合理性与规律性问题，而这种追问会使我们前进的步子踏在更为坚实的基础上。社会工程规律研究就是要揭示在变革社会的过程中社会事物之间有哪些关系和约束条件，从而为社会政策、制度设计提供方法论指导，提高社会工程的成功概率，探索社会治理的新途径。

---

① 〔加〕伊安·怀特劳：《权利的任性》，艾红译，党建读物出版社2015年版，第141页。

第四章
社会工程价值论

　　任何社会关系中都蕴含着一种价值或价值关系。从价值角度看，社会工程活动其实就是建构一种满足社会主体需求的社会关系，社会工程的建构性本质属性决定了价值生成于变革社会关系的实践过程。由此，社会关系的建构及转变从某种程度上说也是价值关系的确立。价值是一种指向人的发展的客观的社会关系，一种既成的社会关系能否持续拥有价值，需要在社会生活实践过程由主体与客体互动来确认。如果有价值，一种制度性事实、社会事物就能继续延续；如果价值减弱或消失，就预示着新的价值关系的孕育、建构，这就是社会关系的建构、调整。以价值为导向的社会工程正是基于此而生，又基于此而变。

第一节　社会工程活动中价值问题的追问

一、社会工程活动中价值的内涵

　　我们身处其中的社会秩序、制度性事实是如何按照价值的方式理解、诠释和建构起来的？关于社会秩序、制度性事实的价值向度的理解和体验是如何发生的？以上这些问题是研究社会工程时必须要追问的价值问题。社会工程是价值主导下的建构具体社会关系的活动，因而，对于此过程中的价值追问必须回归到这个建构性活动中去。对价值问题的哲学思考首先是基于价值与事实的区分而被提出来的。休谟发现事实命题是判断"是"与"不是"的问题，而价值命题判断的是"应该"与"不应该"的问题。与自然界的自然存在相比，社会世界中的存在者对人们提出的问题不仅有事实命题，还有价值命题。与中立的事实相比，人们对价值问题的关注总是与应然、向善、趋美、愿好等指向关联。正是这种指向性关联把社会世界的实然状态与应然状态联结起来，引领着人们以价值导向追求、建构新的社会关系。

何为价值？学界历来纷争不断。一般认为，价值是客体与主体需要之间的一种特定的（肯定与否定）关系。[①]或者价值就是客体对于主体的"意义""善""功效"等。例如，中国传统哲学中用"好""贵""益"指称价值，所论及的价值的基本类型包括真、善、美、仁、义、利等形式。实用主义价值学先驱皮尔士用意义界定价值；詹姆士、杜威用效用、有用、兑现来判断真理的价值。刘易斯认为，价值就如同颜色、形状等词语一样，是用来表征事物显现的性质的范畴，对于事实和价值的不同，他认为有价值的东西就是为实际价值性质所刻画的这种经验的产生，而价值是关于这种经验产生的事实。如果仅仅从理论价值哲学论域单纯对价值进行形而上的追问，不仅陷理论本身于混乱，于实践也无益处。纷争不断的纯学理交锋只是理论范式不可通约引发的语言不通，从各自理论立场出发人为地划定诸多隔离的领域提供给人们关于价值的"知识"，也由于理论上的纷繁对人们进行社会实践鲜有建设性的意义。

社会工程研究是实践哲学研究的一种形式，社会工程中所讲的价值是关于人存在、生活而生成的价值，是实践中的价值生成问题。它是从客体双向互动的社会工程活动中客体之于主体指向发展的需求、意义和效应的角度来界定价值的。这种研究思路既吸收了以往价值哲学研究有益的思想资源，也超越了需要价值论、功利价值论、情感价值论等理论价值哲学的视域，探索了超功利的哲学价值，因此，从实践价值哲学高度摒弃主观主义、客观主义价值观等理论价值哲学研究的弊端，体现了实践哲学研究从实践关系中理解、体验价值，在实践关系中重调、建构新的价值的立场。

（一）社会工程所指价值是指向未来发展的规范性的概念

社会工程论域中的价值是反思人的存在、人之生活建构的一种关系范畴，是一个渗透于人所建构的社会关系、指向未来发展的规范性的概念。社会工程研究中价值问题的提出是与人们关于社会秩序生成、制度设计及延续方式联系在一起的。所谓的价值，简单地说就是对人类生存真实境况的一种文化公共性真实事实的理性认肯和集体性追求。[②]在社会工程活动中，制度性事实作为既成的社会制度模式影响着人们的生存境况，制度性事实就是在社会关系中反映出的人的生存境况。人们对现有制度性事实模式的维护体现了对它的理性认可，而对其未来的设计体现了人们对自身未来发展的某种集体诉求。在社会工程论域中谈论价值，无论是实体的还是精神的，都是一定范围的群体以一种简洁的方式论及自身、他物，以及与他人之间的指向主体发展的需求、效用、意义等关系。因此，社会工程中

[①] 李连科：《价值哲学引论》，商务印书馆1999年版，第71页。
[②] 袁祖社：《公共性社会实践：生存之境与合理价值体验的发生》，《吉林大学社会科学学报》2010年第2期，第97页。

的价值是一种介入实践中的关系范畴，是社会工程模式架构的向度之一。在建构具体社会关系的过程中，人们对价值的理解凝结为一种价值观，在价值观的指导下，观之主体、观之立场、观之方法都遵循着主体的价值尺度设计具体的社会工程模式。总之，人们对价值的认知、判断不会停留于思维领域，而是要通过社会模式设计渗透到改变社会结构的活动中，进而引领社会模式建构活动。价值与社会工程的关系可以表征为

$$V_1=F(V)$$

式中，F 表示社会工程实践或活动；V 表示社会工程建构中的价值认知、价值立场、价值排序等的总称；V_1 表示对外化为制度性事实的价值（社会工程价值）。

在社会工程活动中，价值的介入过程可以简单地描述为：设计主体以价值指向 V 为前提设计未来社会工程模式。也就是说，在某项制度性事实中，有一种实践关系：其设计的价值前提是把 V 视为应有价值，并按照此价值排序设计社会事物或制度性事实模式，经过社会工程活动检验实现的价值是 V_1。

$V_1=F(V)$ 表征了社会工程活动中价值与实践的关系。社会工程活动过程的价值向度包括价值认知、价值立场、价值排序等，这种认知源于以往社会工程实践检验的结果，也就是人们在以往社会实践中体会到 V 的价值，并一致结成一种约定关系，即承认 V 的价值，这就是社会工程设计中的价值向度。这种价值是对社会工程实践中结成的指向人的发展的需求、效用、意义关系的确认。新的社会工程价值，将在未来的社会工程实践中接受进一步的检验。

（二）社会工程理论承认价值的客观性

社会工程所讲的价值虽然是一种指向人的发展的规范性概念，但是价值的规范性不排斥价值的客观性，因为价值是在主体与客体双向互动社会工程活动中生成的，是一个指向人的发展的概念。但是，这个概念也是现实存在的一种客观的规定性。任何人类制度模式中都蕴含着价值立场，对相同或类似需求、效应、意义的肯定，而对与其相左或不同的需求、效应、意义的否定或弱化。因此，价值也是一种客观存在的社会关系。它产生了一种需求的满足、效用的发挥、意义的存在，它对主体而言就是客观的"在那里"，有毋庸置疑的客观性。

价值的形成是基于社会世界的物质性基础之上的人类实践。指向发展的价值诉求离不开与自然的和谐相处。自然界事物之间的普遍联系、自然界先于人的先在性赋予了其于人类的发生学意义。人类和自然之间主体与客体的对象性关系之所以能够形成也是基于双方互动性关系的客观存在。价值的检验过程是客观的物质过程。因此，社会工程中的价值是一种客观的社会关系。

二、社会工程活动中的主体价值尺度

社会规律揭示了人的发展与社会的发展、生产力的发展与生产关系的发展之间的辩证关系，指出了社会发展的总趋势，为社会工程建构社会主义制度模式奠定了理论基础。社会主义的制度模式、社会政策的建构是为了主体人的发展，有着明确的主体价值尺度。

社会主义制度从它诞生之日起就表明了它的基本价值尺度和目标是实现人的全面自由发展。建设社会主义就是要探索一种与资本主义相比更能够促进人的全面自由发展的社会制度形式。社会规律表明人的发展和社会的发展是互为基础与前提的，人的发展过程是人通过不断建构和形成社会关系而获得自由的过程；社会的发展也是在生产关系与生产力的适应、人的发展与社会的发展相促进中由低级向高级演进的。在这种演进中，社会关系的变革和调整始终是一项重要的社会变革活动，因为它要调整生产关系以符合生产力的客观要求，社会的发展与人的发展相一致的价值诉求融入现实的制度性事实中。

19世纪中期，马克思在分析资本主义条件下的劳动关系时，指出了劳动异化是因为资本主义制度下的社会关系成了束缚人本质力量发展的桎梏，这种桎梏表现在三个方面。第一，从生产关系角度来说，资本主义的生产关系阻碍了人的劳动活动和劳动能力的发展。自由自觉的劳动本是人的类特性、类本质。马克思和恩格斯曾经说："可以根据意识、宗教或随便别的什么来区别人和动物。一当人们开始生产自己的生活资料，即迈出由他们的肉体组织所决定的这一步的时候，人本身就开始把自己和动物区别开来。"[1]劳动不但使人从动物界脱颖出来，而且人通过劳动改造其赖以生存的世界的同时，也成就了人之为人，在劳动中获得了自身自由和发展，在劳动中创造出新的社会关系。人的劳动能力是人的本质力量的发挥，人的劳动成果是"人的本质力量的公开展示"，人的劳动能力的发展原本也就是人的发展、社会的发展。但是，在资本主义生产关系下，机械化的流水线把人变成了车床上的一个部件、劳动过程中的一个环节、一件能自动执行工作意图的活机器。充斥着商品化的生活世界撕下了人与人之间温情脉脉的面纱，将人紧紧捆缚在金钱织网之中，困在利益的博弈场，人成为围绕着利益打转的一个"类"存在，弱肉强食的自然法则也成为人之生活世界的生存法则。自由自觉的劳动成了传说，人成为生产线上的一个"环节"，"做什么人"成了一个劳动者的通用标签。劳动活动和劳动能力的发展走上畸形和片面发展的路子，人成为失去了批判向度的"单向度的人"。第二，资本主义社会中人的社会关系制约着人的发展。马克思主义认为，人的本质，就其现实性而言，是一切社会关系的总和。人离不开

---

[1]《马克思恩格斯文集》第1卷，人民出版社2009年版，第519页。

他所属的社会关系，社会关系决定着一个人能够发展到什么程度。资本主义社会的既有制度不能自发改变其阶级立场，社会关系的调整不能从根本上改变无产阶级受剥削、压迫的处境，因此革命成为改变现实世界的一种当然手段。第三，人的个性发展受阻。失去批判向度的人的存在，成为一种单向度的存在。马克思通过对资本主义社会生产力与生产关系、人的发展与社会发展的关系的分析，揭示了这样一条秘密：在资本主义社会，社会生产力的提高、生产方法的改进都是基于对工人自由劳动的剥夺；发展生产的手段都是统治和剥削生产者的方法。因此，工人阶级要获得自身的自由、解放，就必须用革命的手段推翻旧的国家机器，重建新的社会关系。在马克思和恩格斯的时代，这种社会关系的重建是在无产阶级反对资本主义生产方式的社会革命中取得的，通过革命为以人的发展为价值导向的社会主义社会创造条件，并通过社会主义社会最终实现"每个人的自由发展是一切人自由发展的条件"[①]的理想社会，由此，生产力的发展与人的发展的一致性标示着社会主义社会关系的缔结是科学性与价值性的统一。

在社会主义建设过程中，列宁、毛泽东都曾经明确地指出新型社会必须保证全体成员全面发展。1919年俄共（布）第八次代表大会通过的《俄共（布）纲领》明确指出："无产阶级的社会革命以生产资料和流通手段的公有制代替私有制，有计划地组织社会生产过程来保证社会全体成员的福利和全面发展。"[②]新生的社会主义政权第一次把保障人民全面发展写入党纲。中华人民共和国成立后，毛泽东也曾明确指出，要建设社会主义，必须用新民主主义革命破除民族压迫和封建压迫的束缚，保障有益于私人资本主义的发展，保障广大人民能够自由发展其在共同生活中的个性。但是，在当时的社会主义建设过程中，由于特殊的国内外环境，保卫新生政权的生存和延续是首要任务，当时提出的这些正确认识还不具备充分的条件使之能够兑现于社会主义的各项制度中。

改革开放以后，邓小平同志带领全党反思社会主义建设的经验教训，厘清了对社会主义本质的认识：社会主义的本质是解放生产力，发展生产力，消灭剥削，消除两极分化，最终达到共同富裕。这一认识再次从科学性和价值性统一的角度认识社会主义的本质，并且把社会主义社会关系的价值主体——人民更明确地提到判断国家政局稳定、政策正确与否的高度。邓小平指出："我们评价一个国家的政治体制、政治结构和政策是否正确，关键看三条：第一是看国家的政局是否稳定；第二是看能否增进人民的团结，改善人民的生活；第三是看生产力能否得到持续发展。"[③]改革开放以来，中国共产党人把代表先进生产力放在首位，提出促

[①]《马克思恩格斯文集》第2卷，人民出版社2009年版，第53页。
[②]《列宁全集》第36卷，人民出版社1985年版，第96页。
[③]《邓小平文选》第3卷，人民出版社1993年版，第213页。

进人的全面发展是社会主义的本质要求,是社会主义本质的重要体现的论断。江泽民指出:"我们建设有中国特色社会主义的各项事业,我们进行的一切工作,既要着眼于人民现实的物质文化生活需要,同时又要着眼于促进人民素质的提高,也就是要努力促进人的全面发展。这是马克思主义关于建设社会主义新社会的本质要求。我们要在发展社会主义社会物质文明和精神文明的基础上,不断促进人的全面发展。"①党的第十八次全国代表大会进一步强调:"必须更加自觉地把以人为本作为深入贯彻落实科学发展观的核心立场,始终把实现好、维护好、发展好最广大人民根本利益作为党和国家一切工作的出发点和落脚点,尊重人民首创精神,保障人民各项权益,不断在实现发展成果由人民共享、促进人的全面发展上取得新成效。"②同时,强调继续把在生产发展和社会财富增长的基础上不断满足人民日益增长的物质文化需要,促进人的全面发展,发展为了人民,发展依靠人民,发展成果由人民共享,中国特色社会主义"五位一体"的总体布局,构建和谐社会、保障和改善民生为重点,解决好人民最关心、最直接、最现实的利益问题,使发展成果惠及全体人民,努力形成全体人民各尽所能、各得其所而又和谐相处等要求写进党章。习近平等在十八届中共中央政治局常委同中外记者见面时讲"人民对美好生活的向往,就是我们的奋斗目标"③。"让全体人民过上好日子"④第一次以如此平实的话语形式写进政府工作报告,报告中首次提及的要建立权力清单制度、黑名单制度、要向对贫困宣战一样向污染宣战、用中国式办法推动医疗改革等制度。⑤党的十九大报告则进一步强调:"全党必须牢记,为什么人的问题,是检验一个政党、一个政权性质的试金石。"⑥由此,贯彻习近平新时代中国特色社会主义思想和基本方略,必须坚持以人民为中心。从历史的承担者、建设者的视角充分肯定"人民是历史的创造者",从本源的意义上认同人民的历史作用,人民是决定党和国家前途命运的根本力量。明确在社会主义建设进程中,执政党必须坚持人民主体地位,坚持立党为公、执政为民,践行全心全意为人民服务的根本宗旨。把党的群众路线贯彻到治国理政的全部活动之中,把增进民生福祉作为发展的根本目的,必须多谋民生之利、多解民生之忧,依靠人民创造历史伟业。以上论述表明我党坚持秉承社会主义制度的主体价值尺度立场,并切实地把对社会主义本质的正确认识诉诸社会主义建设实践中。在建设中国特色社会主义的进程中,把社会的发展与人的全面发展结合起来,并将之贯彻到具体的制度中,为

---

① 江泽民:《论"三个代表"》,中央文献出版社 2001 年版,第 179 页。
② 中共中央文献研究室编:《十八大以来重要文献选编》上,中央文献出版社 2014 年版,第 7 页。
③ 中共中央文献研究室编:《十八大以来重要文献选编》上,中央文献出版社 2014 年版,第 70 页。
④ 中共中央文献研究室编:《十八大以来重要文献选编》上,中央文献出版社 2014 年版,第 850 页。
⑤ 中共中央文献研究室编:《十八大以来重要文献选编》上,中央文献出版社 2014 年版,第 850—852 页。
⑥《党的十九大报告辅导读本》编写组编:《党的十九大报告辅导读本》,人民出版社 2017 年版,第 20 页。

社会的发展注入源源不断的新生力量，推动生产力与生产关系的发展、社会的发展和人的全面发展形成互为基础、相互促进的新型社会关系。

由此可见，促进人的自由全面发展是社会主义最根本的主体价值尺度，也是社会工程活动要秉承的主体价值尺度。社会工程就是要把马克思主义对现实的关怀落实到与人民生活息息相关的制度层面。

（一）坚持以人的发展为根本出发点的价值立场

在价值引领社会关系的建构活动中，要坚持以人的自由全面发展为主体价值尺度，把社会主义的主体价值尺度落实到以人为本上。在制度模式建构中坚持以人为本，就是要坚持以人的自由全面发展为根本出发点的价值立场。人是生活在一定社会关系中的现实的人，因此，现实的人的多重社会关系注定了关于人的概念是一个综合概念。人既包括政治概念中强调的人民，也包括法律概念中所讲的公民，还指称社会历史概念中强调的阶级、阶层、群体等。"以人为本"在不同的语境下有着特定的内涵，在日常生活中又表现为多重交叉的复合性特点，在不同的社会工程实践中也有特定的内涵、所指。中国共产党要始终代表中国先进生产力的发展要求，始终代表中国先进文化的前进方向，始终代表中国最广大人民的根本利益，就要坚持人民是历史的创造者的历史唯物主义根本立场，牢记党源于人民、植根于人民。因此，我们的政策制度要以服务于人民为宗旨。从党的政治路线、政治目的的角度讲以人为本，强调的是要实现以人的自由全面发展为目标，从人民群众的根本利益出发谋发展、促发展，让人民群众共享改革发展的成果，使发展成果惠及全体人民。发展是为了人民，而不是为了统治、管理人民；发展要依靠人民，而不是利用人民；发展的成果要使人民共享、惠及全体人民，而不是少数人独享。因此，党的每一项政策设计、制度设计都要以人民为出发点和最终目的，并在贯彻实施中接受人民的检验。各级组织、职能部门从治理角度出发在制定政策制度中坚持以人为本，就是坚持以包括人民在内的各拥护社会主义、建设社会主义、拥护祖国统一和致力于中华民族伟大复兴的社会群体为本，正确处理人民内部的不同阶级、阶层和利益分歧，协调群体之间相互依存、相互支持又相互竞争的矛盾关系。检验各级领导干部工作和政绩就是要看其所服务的不同社会群体之间，是否和谐相处、公平竞争、利益协调、社会和谐、经济发展、政治宽容、文化向上。从具体的社会治理过程、具体政策的落实与执行过程来说，强调以人为本就是要强调人民的概念，在社会主义初级阶段，社会主体的复合性、交叉性身份要求国家执法人员要坚持以公民为本，尊重公民的基本权利。

（二）坚持促进人的发展

要把坚持促进人的发展作为根本主体价值尺度的价值立场融入到具体的社会

制度模式中。人的发展包含以下内容：第一，人的发展是人的需要的高级层次。马克思主义尊重人的需要，它认为在现实世界中，个人有许多需要，如生存需要、享受需要和发展需要，人的发展是人的需要的高级层次。指向发展规定性把低俗、卑劣、有害的、不合理的，以及只对个体有利的需要、意义、欲求排除在制度性事实主张的价值之外。第二，辩证地对待人的自由发展与人的全面发展。人的自由的获得离不开人的发展。人的发展与人的自由是互为条件、相互促进的，人的发展过程也就是人不断获得自由的过程。实际上，马克思在许多著作中谈到人的发展讲的是"个人的独创和自由的发展""全部才能的自由发展""每个人都可以在任何部门内发展""不受阻碍的发展"等概念。马克思主义认为，"人的全面发展"和"人的自由发展"是两个既有联系，又有区别的概念。首先，人的全面发展是相对于人的异化状态的片面发展和畸形发展而言的，指的是每个人的劳动活动、劳动能力及社会关系发展的全面性和普遍性。在资本主义社会，生产力的发展使人冲破了束缚人的血缘纽带，形成了人与人之间丰富的社会关系，从而带给人类某些方面和一定程度的发展，但是以资本为后盾、以追求剩余价值为目标、分工精细的资本主义生产，把人的发展推向一种"畸形的发展"。针对资本主义条件下人的片面发展的状况，马克思提出了人的自由全面发展的观点。其次，人的全面发展概念侧重于人的发展的广度，包括人的劳动活动、劳动能力、社会关系、人的个性等方面全面的发展。全面的劳动活动和劳动能力能更充分展示人的本质力量、全面的社会关系。它一方面把人从群体制约、等级从属、人身依附等关系中解脱出来，成为独立的个人；另一方面又成就了人的更广泛的社会交往。而人就是在疏离又依存的社会关系中成为独立个人，成就了自身个性的生成和发展。而人的自由发展侧重于人的内在需要和主体性的自觉。它强调的人的发展是作为价值主体的人，对自身的未来发展有自觉意识。"自由个性的充分发展"是以整个群体或每个人的自由自主发展为前提的，以个人独特的性格和行为为特征，以心理品质和能力素质的充分发展为主要内容，在人自由发展的社会，任何人都没有特定的活动范围，每个人都可以在任何部门内发展。只有在高度发展的生产力与生产关系相契合、人的发展与社会发展一致的理想社会，人的自由个性才能得到充分而全面的发展。人的全面发展和自由发展实际上是相辅相成、相互促进的。其一，人的自由发展以人的全面发展为基础。人只有全面的发展才能做到与自然界和谐相处，成为人类社会及自身规律的自觉主体，成为自由发展的人。马克思在谈到人的发展时，明确指出："建立在个人全面发展和他们共同的、社会的生产能力成为他们的社会财富这一基础上的自由个性，是第三个阶段。"[①]其二，人在全面发展方面所取得的每一个进步都是向人的自由发展接近的。综上所述，马克

[①]《马克思恩格斯全集》第30卷，人民出版社1995年版，第107—108页。

思主义向来尊重人的需要，但是这种需要是指向发展的需要，人的发展是人的需要的高级形式，人的自由发展是受条件限制的，人的自由个性是建立在人与社会高度发展基础之上的。厘清以上关系，我们才能正确认识主体价值尺度中人的发展问题。

在社会主义初级阶段，我们要在社会制度模式、政策设计中正视人的生存需要、尊重人的享受要求，人民群众对幸福生活的向往就是我们的奋斗目标，让改革成果惠及全体人民。同时，要把促成人的自由发展的远大理想和促进人的全面发展的现实目标结合起来。我们当前提出的关于人的全面发展的目标和马克思主义追求的人的自由发展的目标在总体上是一致的。因为人的全面发展与社会的发展是互为前提和基础的，在发展生产力的同时，人的社会关系的建构也渐趋进步，人的发展程度也在不断提高，我们社会的每一个重大进步都有助于人的全面发展。当前我们所要促进的就是要在中国特色社会主义建设中，不断推进人的全面发展。这一目标有着现实的内涵：首先，指向人的发展需要全面满足，即在政治、经济、文化、社会及生态环境等方面实现经济发展、政治民主、文化文明、社会公正、生态平衡。其次，人的素质普遍提高。它既包括提高人的科学文化素质，还包括提高人的思想道德素质和心理素质。最后，人的才能、积极性和创造性得到充分发挥。在社会主义初级阶段促进人的全面发展，就是要立足于初级阶段的国情和现实，从提高人民的生活水平、从提高全民族的思想道德素质和科学文化素质等具体事情入手，切实促进人的发展。

总之，人的需要是指向发展的需要，人的发展是人的需要的高级阶段，人的全面发展是人的自由发展的一个过渡，人的发展是在社会进步中逐步实现的，这就是社会工程活动中所要坚持的根本主体价值尺度的内涵。

三、社会工程活动中主体价值尺度的唯物主义立场

社会主义制度模式、政策模式坚持以促进人的发展作为主体价值的立场，同时建构具体的社会关系要以客观物质及其客观过程为依据，即坚持以物为据。在处理社会问题时，要以我们正在发展着的各项事业、我们正在做的各种各样的事情及其规律性为依据。

涵盖经济、政治、文化、社会、生态文明、党的建设等方面的全面深化改革是一项新的系统工程，要推进改革深化、构建和谐社会就必须以不同要素之间的规律性为依据。要坚持以发展中的各项事业的规律为依据。社会世界中不同领域的事物运行所遵循的规律不同，要实现社会系统工程的综合集成，首先要弄清楚规律间的制约性。如就当前而言，全面深化改革的基本要求是实现政治、经济、文化、社会、生态环境之间的协调发展，强调的是各个方面的发展、各个层面的发展、各个领域的发展、各项事业的发展。要实现这个目标就必须解放思想、转

变发展观念，在建设社会主义和谐社会的过程中，我们要坚持不断地研究政治建设的规律性、经济建设的规律性、文化建设的规律性、社会建设的规律性、生态环境建设的规律性，以及不同领域的规律相互作用的规律性。如果不以这些客观规律作为科学依据，那么社会模式的设计就失去了科学依据，就会犯主观主义的错误，就会因脱离人民群众而遭受失败。我们运用马克思主义的世界观和方法论，是运用唯物主义的立场、观点、方法认识和分析社会主义现代化建设实践所面临的问题，推动社会发展和人的发展，要坚持以人为本的主体价值尺度，也要坚持以物为据的唯物主义立场。

第二节　社会工程活动中价值的本质及价值分歧与整合

在实践中，不同的价值理论、价值主体、价值衡量尺度造成多重价值分歧，这就需要探究价值的本质并谋求多重价值的整合，以促进人与社会的发展。

一、社会工程活动中价值的本质

社会工程是一种制度性事实，是基于一定范围人们的一致同意为前提的，同意本身就包含着价值立场。社会工程是从人的社会性存在的意义上定位价值，从实践的价值哲学视角认识价值的本质。社会工程中的价值是实践价值哲学论域中的价值，周树智认为，发展是价值最本质的规定性，发展就是价值的深层本质，价值就是发展。[1]袁祖社认为，就人是一种社会性存在的意义上，价值不是别的，它本质上是基于人类合作本性基础上的生存合宜性或合宜性生存的文化公共性真实体验。[2]以上实践价值哲学对于价值的本质的界定有个共同的特点即强调了价值的发展指向。社会工程探寻的是符合人真实意愿的社会关系的建构，是制度性事实的建构活动，认为价值是在社会工程活动中客体之于主体发展的需求、意义和效应，这种对价值的理解也是坚持实践价值哲学立场的。这一概念的本质规定包含以下几点含义。

第一，社会工程中的价值是指向适合人的发展的需要的规定性。社会工程的唯物主义立场决定了它不否认将要建构的社会关系就是要满足人的需要，但是，这种需要是基于"人类合作本性的生存合宜性"基础之上的，换言之，是指向人

---

[1] 周树智主编：《价值哲学发展论》，陕西人民出版社2009年版，第10页。
[2] 袁祖社：《公共性社会的实践：生存之境与合理价值体验的发生》，《吉林大学社会科学学报》2010年第2期，第100页。

的发展的需要、指向发展的规定性。

第二，社会工程中价值的生成、存在的真实逻辑是诉诸于社会工程实践的。指向发展的规定性将社会工程中的价值与西方价值哲学论域中的价值区别开来，是因为这种价值是进入社会工程实践的公共生活领域的价值，它不仅是个人生命体验，还关乎人整体性存在的群体体验。由此，价值也不再是拘于个人欲望的满足、情感的诉求、快乐的感受，而是进入人类合作领域，凝结为他们身处制度结构中的生存合宜性。而主观主义价值论中的人之不合理低级需要、有悖发展的欲望膨胀、建立在他人苦痛之上的个人快乐等效应和意义都不是社会工程中的价值所指。

二、社会工程中多重价值的分歧

社会工程是综合性的、跨学科的知识应用活动，是价值主导下的建构具体社会关系的活动，由此，进入社会工程活动中的价值由于其理论视角、价值主体、实现条件、衡量标准的不同呈现出丰富性与多样性，同时也产生了多重价值的分歧。在中国特色社会主义建设中，不同的社会主体、站在不同的立场上，有着不同的价值诉求。共同的价值诉求也可能因价值排序的不同而有所冲突。多重价值分歧与整合就成了社会工程必须直面的问题。

（一）价值排序的分歧

立足于不同理论视角的价值定位引起了价值排序的分歧。社会工程活动中的价值是主体与客体在实践过程中相互作用的产物，价值是相对于一定主体发展而言的需要、效应、意义等。但是，在不同理论论域中，人们对价值有不同的理解。主观主义价值观从人的需要、欲望、经验等主观体验出发界定价值提出了欲望说、兴趣说、满足需要说、情感主义等价值理论；客观主义价值观从客体所具有的属性出发界定价值，从主体与客体相区分的二元关系中定位价值。理论上的纷争投射、影响到社会工程建构过程中的价值向度的选择，从而呈现出多重价值理论立场的分歧引发的价值排序的分歧。

（二）多种主体价值尺度的分歧

价值主体的多样性引起的主体价值尺度的分歧。社会制度、社会政策所涉及的主体是多层面的。其包括设计主体、评判主体、受益主体等。从设计主体来讲，有国家制度、规划、区域布局（地区规划）、单位制度等；从价值评判主体讲，有个人主体、群体主体等；从受益主体来讲，有利益集团、普通民众等；等等。不同的设计主体、评判主体、受益主体对制度性事实中的价值认知和评判也是不同的，从而引起多种主体价值尺度的分歧。

(三）多重价值实现手段、途径的分歧

价值实现条件的多样性引起了价值实现手段与途径的分歧。社会工程是价值导向的社会秩序建构活动，价值是在社会工程活动中生成的，不同价值的实现手段、过程、途径、模式也会生成不同的价值。不同地区、不同级别的政府面临的地区性现实条件不同，经济、教育、民生、环境等要素之间的关系如何整合、如何建构制定发展模式，都会有不同的价值实现手段、途径。

（四）多重价值衡量标准的分歧

社会工程设计中的价值维度最根本的主体尺度是人的发展，而人的欲望、人的需求、人的情感也都是主体尺度的重要内容，多重尺度的分歧、交叉也造成了价值衡量标准的多样性和分歧。

三、社会工程活动中价值整合的原则

社会工程活动中人们面临的社会关系是既成的，而未来社会的关系形式是尚未形成的。价值排序是关于价值立足点的定位。指向发展的需要规定了主体价值立场的选择性、人的发展的历史性、价值多样性和价值主体的选择性、衡量价值主体尺度的多重性。在社会工程活动中，多重价值的分歧会影响社会工程模式设计中的价值排序，进而影响社会工程模式的选择。

（一）以人为本与以物为据相统一的原则

社会工程活动建构的制度性事实是合规律性和合目的性的统一。社会工程中价值排序先后首先考虑的是可能性转化为现实性的问题，要使设计中的模式转化为现实，就要遵循事物之间客观的规律性。社会工程建构过程中涉及不同的领域，制约制度性事实实现的物质前提是一个规律群，综合集成不同领域的规律之间的约束，要坚持以事物之间的客观规律为根据。人的发展是制度性事实的根本主体价值尺度，要坚持以人为本与以物为据相统一的原则。

（二）总体性与局部性相统一的原则

设计者站的立场不同，设计中兼顾的着力点也就不同。社会工程是从整体视角设计制度性事实模式的活动，其价值排序就要集成总体性与局部性价值需求相统一的原则。

（三）兼顾与优先相统一的原则

社会工程应对的是急待解决的社会问题，能够进入社会工程活动过程的价值各有万千，根据不同的价值择取可以满足人们多方面、不同层面的需求，但是社

会工程是要针对亟须又紧迫的社会问题设计对策,其价值抉择的重点是优先满足紧迫的需求。改革开放之初,我国经济发展面临诸多困难,以经济改革为突破口,解放生产力,发展生产力,满足人们日益增长的物质文化需求,这就是社会发展模式中的经济价值优先的表现。改革开放以来,社会有序发展,要进一步深化改革,就要在政治、经济、文化、社会、生态环境、党的建设等方面设计深化改革的布局,这就体现了中国特色社会主义建设中兼顾与优先相统一的原则。

第五章 社会工程模式论

社会规律不是社会模式，马克思也曾谈及社会规律与道路选择、落后国家能否跨越资本主义卡夫丁峡谷的问题，这是从宏观层面对社会规律与社会制度模式的区分。在社会主义建设时期，社会模式的建构要在把握社会发展规律及其趋势的基础上，探索规律、价值、情境的结合方式。因此，社会工程研究最核心的内容就是对社会工程模式的研究。

第一节 实践模式与社会工程模式问题的提出

马克思主义哲学教科书中实践模式的缺位，使我们对制度模式、政策模式、对策模式的研究深度不够，造成理论的混乱和解释力的不足。在社会主义建设时期，怎样建设社会主义的实质是在马克思主义指导下探索中国特色社会主义模式的过程。马克思主义理论与现实生活的内在逻辑映现在制度模式、政策模式的创造上，也映现了社会主义制度的要求，因此必须深入研究社会工程模式。

一、实践模式是马克思主义实践论中不能回避的范畴

1877年，马克思在给《祖国纪事》杂志社编辑部的信，回答了俄国可以走一条不同于资本主义国家的发展道路。他在《给维·伊·查苏利奇的复信》中，更详细地分析论证了为什么俄国可以走一条不同于资本主义国家的发展道路，以上问题都涉及实践模式的问题——社会规律的统一性和它的实现形式的多样性的区分。马克思在《给维·伊·查苏利奇的复信》中分析资本主义生产的起源时讲："它实质上是'生产者和生产资料彻底分离'，全部过程的基础是对农民的剥削。这种剥削只是在英国才彻底完成了……但是西欧的其他一切国家都正在经历着同样的运动。"马克思讲："可见，这一运动的'历史必然性'明确

地限制在西欧各国的范围内。"①马克思在谈俄国时讲:"如果俄国继续走它在1861年所开始走的道路,那它将会失去当时历史所能提供给一个民族的最好的机会,而遭受资本主义制度所带来的一切灾难性的波折。"②落后国家能否跨越资本主义的卡夫丁峡谷,一切都取决于它所处的历史环境。跨越卡夫丁峡谷源于一个典故:公元前321年罗马军队兵败卡夫丁峡谷,被迫通过萨姆尼特人的"扼形门"。借该典故来说明人类社会经历资本主义阶段,就像罗马人过卡夫丁峡谷一样,是要付出代价和牺牲的,是一个使人感受耻辱的过程。

"假如俄国想要遵照西欧各国的先例成为一个资本主义国家——它不先把很大一部分农民变成无产者就达不到这个目的;而它一旦倒进资本主义制度的怀抱,它就会和尘世间的其他民族一样地受那些铁面无情的规律的支配。事情就是这样。但是这对我的批评家来说是太少了。他一定要把我关于西欧资本主义起源的历史概述彻底变成一般发展道路的历史哲学理论,一切民族,不管它们所处的历史环境如何,都注定要走这条道路,——以便最后都达到在保证社会劳动生产力极高度发展的同时又保证每个生产者个人最全面的发展这样一种经济形态。但是我要请他原谅。(他这样做,会给我过多的荣誉,同时也会给我过多的侮辱)。"③

社会规律告诉我们随着生产力的发展和社会的进步,与之相适应的生产关系也要不断调整,人的发展也在趋向全面、自由。但是,若生产力与生产关系不相适应,人的发展与社会的发展不协调,该怎么办?追问的实践中所面临的问题的解决方式,是社会规律的实现形式,其本质上是一个新的社会关系的建构过程,即社会模式的设计和创新。

我们知道,生产力决定生产关系,生产关系一定要适应生产力的性质和状况,这是社会基本矛盾运动的规律。当两者的关系不适应,进而发展到尖锐对立以至于生产力不能继续进一步发展的时候,提出了变革生产关系的要求。这也就是制度变革的需求,要求用新制度规则取代旧制度规则。马克思在《〈政治经济学批判〉序言》中讲:"社会的物质生产力发展到一定阶段,便同它们一直在其中运动的现存生产关系或财产关系(这只是生产关系的法律用语)发生矛盾。于是这些生产关系便由生产力的发展形式变成生产力的桎梏。那时社会革命的时代就到来了。随着经济基础的变更,全部庞大的上层建筑也或慢或快地发生变革。"④生产力发展引起了社会关系中的冲突,由经济基础变更引起的上层建筑的变革,革命也好,改革也罢,无非是要用一种新的社会模式取代旧的社会模式;生产关系与生产力不适合了,人的发展与社会发展不协调了,但是哪一种具体的生产关系形式是"合适

---

① 《马克思恩格斯文集》第3卷,人民出版社2009年版,第583页。
② 《马克思恩格斯文集》第3卷,人民出版社2009年版,第464页。
③ 《马克思恩格斯文集》第3卷,人民出版社2009年版,第466页。
④ 《马克思恩格斯文集》第3卷,人民出版社2009年版,第591—592页。

的"呢？或者说，"合适的"生产关系的具体形式和结构特征人们说不清楚，这时候就需要对不同形式的生产关系、社会关系进行探索。在革命时期，两大阶级之间不可调和的矛盾就通过革命的方式，用新的社会模式取代旧的社会模式；在建设时期就是通过改革的方式，用新的生产关系、社会关系取代旧的生产关系、社会关系，而后者是一个通过"试错"的过程，即制度模式、政策模式选择的问题，是一个通过"设计"发现最合适的生产关系的具体形式的问题。由此，生产关系的变革本质就是新模式取代旧模式。用一种新的制度模式、政策模式去取代旧模式。中国特色社会主义建设本质上是中国特色社会主义模式的探索。

就社会制度模式来讲，一种新的模式承载着社会规律和自然规律的客观要求、特定民族中人们的价值立场，以及对本国国情的研判。近代以来，中国人在君主立宪、资产阶级革命中都思考过中国该走什么样道路的问题，都进行过社会模式的探索，最终我们选择了社会主义制度。在当代中国，寻找"合适的"生产关系具体形式的活动，本质上是探索体现中国特色社会主义的社会模式的实践活动。

在任何工程设计中都要首先有模型设计，即对某种事物的标准样式进行预先的模拟建构，把理论中的事物对象化，在造物之前对未成之物的前提进行论证、对其可能或合理的形态预先进行模拟。例如，汽车研发过程中的"概念车"就是一种尚在创意试验阶段的车型，设计师用它展示新颖、独特、超前的构思、人类对未来车型的梦想与追求，诠释一种新的汽车理念。尽管有很多车型最终止步于"概念车"，无缘面世、获得实际生产，但新的车型一般都是首先源于"概念车"的。社会科学研究领域往往就缺乏这种模型环节的研究。不可否认，在不少社会科学学科研究中并不乏名为模式、对策研究和依据某种理论的社会政策试点实验，但这种模式往往是从社会科学某一学科的理论出发直接推断出应对措施，其缺陷是学科之间所提出的措施往往各执一词甚至存在矛盾，将其运用到复杂社会系统中应对社会问题时也难以取得预期的效果。

马克思和恩格斯开创的实践论转向超越了面壁直观的理论哲学立场。恩格斯的《自然辩证法》概括了19世纪之前的自然科学研究成果，奠定了实践论的唯物主义基石。毛泽东的《实践论》，论述了实践对于认识的产生和发展的重要意义，揭示了认识与实践的辩证运动规律，提出了认识的两次飞跃的理论，是马克思主义认识论的重要内容。从实践活动与过程反观现有实践论研究，在马克思主义哲学教科书中，对实践类型的理解不断拓展，"社会生活有多少形式，实践也就有多少形式"[①]，最典型的实践活动有三种类型："变革自然的生产实践"、"处理人与人之间关系即改革社会的实践"和"创造科学文化的实践"[②]。变革自然的生产实践

[①] 肖前、黄楠森、陈宴清编：《马克思主义哲学原理》，中国人民大学出版社1994年版，第278页。
[②] 肖前、黄楠森、陈宴清编：《马克思主义哲学原理》，中国人民大学出版社1994年版，第278页。

活动、处理人与人之间的社会关系、科学实验活动。①事实上，工程活动之于实践的意义在于探索了实践模式的设计与构成。工程设计过程是把人合目的"操作意见施加于客观事物并借助于对事物自身规律的利用，形成一个新的事物"②，这个新事物其实是实践模式的一种形式。所以，工程哲学从建构层面探讨了从理论认识到实践飞跃的实质与核心，即实践模式的生成问题，从而推进了实践论的研究。在认识的第二次飞跃过程中，实践活动的核心与本质是探索实践模式，而现有实践论论域中却没有实践模式范畴，这必然引发理论解释力不足，进而引起人们思想上困惑。苏联社会主义模式的失败，使一些人动摇了对马克思主义的信仰。当实践过程中对策失败时，人们就会怀疑对策所依据的理论的真理性。僵化的教条主义者把书本知识或外国模式当作普遍真理，狭隘的经验主义者把个人经验或特定模式当作普遍真理，处理不好马克思主义理论与中国革命实践的关系，不懂得在实践中探索和检验认识的真理性，盲目行动，屡屡失误，使革命遭受挫折甚至失败。③由此，实践模式在马克思主义实践论中的地位问题是不能回避的论题。现在重新思考这个问题，对我们推进中国特色社会主义哲学社会科学的发展具有重要意义。

马克思主义理论的实践论研究中，模式范畴在哲学层面的缺位致使人们常常是常识性地理解马克思主义实践论的基本理论及其命题，把个别实践中的某次得失成败归结到初始理论、基础理论的正误上，把理论真理性的依据直接和实践中单次实践结果作比较，在实践标准问题上突出表现为把实践依据和实践结果作对比。在哲学认识论体系中缺少实践观念模型这个中间环节，因而在具体的思维行程中，使抽象形态的理论观念与实践之具体物质或成果的表象形态直接发生接触，结果导致各种歧义推论，影响了对实践真理命题的科学理解。④模式范畴的缺位会使人们产生困惑：改革运动一开始就与马克思主义基本原理发生了矛盾。马克思主义宣布自己的理论是关于建设体现社会公正的社会的学说。很少有人对此感到困惑：怎么会有专门研究自然界根本不存在的东西的学说。⑤定位模式范畴在马克思主义实践论中的地位既是马克思主义理论本身发展的时代呼唤，也是中国特色社会主义理论的实践要求。

二、实践论转向与实践模式探索

马克思主义实践论主张的实践智慧扬弃了理论哲学的思辨立场。从古希腊开

---

① 赵家祥、聂锦芳、张立波：《马克思主义哲学教程》，北京大学出版社 2013 年版，第 61 页。
② 王宏波：《社会工程研究引论》，科学出版社 2017 年版，第 136 页。
③ 郭湛：《〈实践论〉〈矛盾论〉与中国百年历程》，《光明日报》2017 年 10 月 9 日。
④ 王宏波：《工程哲学与社会工程》，中国社会科学出版社 2006 年版，第 199 页。
⑤〔俄〕亚·尼·雅科夫列夫：《一杯苦酒：俄罗斯的布尔什维主义和改革运动》，徐葵、张达楠、王器等译，社会科学文献出版社 2016 年版，第 204 页。

始，实践智慧（phronesis）的含义就和思考密切相连，思考的介入把人的情感、选择引入实践智慧，它考虑的对象是可变的，人之能力所及、合乎逻各斯且趋善的事物。由此，phronesis 必然融合理论理性和实践理性，在对存在的考察中就有关于价值的洞察。现代西方哲学中，伽达默尔从诠释学的角度提出了实践哲学的核心概念实践智慧（phronesis）源于亚里士多德的关于实践方面的理智德行。他的研究旨在通过实践智慧的阐释，维护实践知识相对于科学和技术知识的独立性，批判现代科学主义盛行所导致的科学技术理性对实践领域的入侵，以及由此造成的实践理性被遮蔽的状态[①]。马克思是在19世纪中叶的历史节点反观现代生活展开哲学研究和理论探索。在《关于费尔巴哈的提纲》《德意志意识形态》等著作中，马克思提出了迥异于解释世界的改造世界的问题，开启了哲学研究的实践论转向。实践论转向扬弃了面壁直观理论哲学立场，立足于现实的人对其生活世界的改造，扬弃的是理论哲学面壁直观的思辨立场，由此，其蕴含的实践智慧超越了善的、实践的考虑和伦理的阐释，深入社会现实中探索改变社会的智慧。所以，马克思主义实践论域中的实践智慧必然要在建构层面上对变革社会的实践活动进行研究和探索，其本质是对实践模式的探索。

马克思对法之背后经济根源的揭示，明示了法理秉持的价值立场。1842～1843年马克思在《莱茵报》工作期间，参与了《林木盗窃法》和摩泽尔地区农民状况的辩论，"第一次遇到要对所谓的物质利益发表意见的难事"[②]。他看到，在冲突中，利益总是占法的上风。穷苦人迫于生计的盗窃林木、破坏狩猎场行为受到普鲁士政府的严厉制裁，仅1836年，为此而受惩罚的人就有15万人，占全部刑事案件的77%。尤其是莱茵省议会要把捡枯树枝也列入林木盗猎行为予以制裁，那么，捡枯树枝何以构成犯罪？为什么要定为犯罪？马克思一针见血地指出："犯罪行为的实质，不在于侵害了作为某种物质的林木，而在于侵害了林木的国家神经——所有权本身，也就是实现了不法的意图。"[③]捡枯树枝之所以要被列为犯罪行为，并不在于它损害了树木的生长，而在于侵害了林木所有者的所有权。也就是说，如果不禁止捡枯树枝的行为，就是肯定捡枯树枝合法，就是肯定了占有枯树枝合法，言外之意，让穷人实现了占有意图。这种立法立场让马克思看到，法并非是自由、理性的体现，保护林木所有者的利益才是莱茵省议会制定《林木盗窃法》的真正原因。法之背后的经济根源、价值立场就被揭示到了社会生活的前台！从研究法到反思法理，进而分析法之背后的价值立场。法，为谁而定？保护谁？必须深入法条背后的经济根源中才能看清法理的依据。由此，马克思认识

---

① 〔俄〕亚·尼·雅科夫列夫：《一杯苦酒：俄罗斯的布尔什维主义和改革运动》，徐葵、张达楠、王器，等译，社会科学文献出版社2016年版，第204页。
② 《马克思恩格斯文集》第1卷，人民出版社2009年版，第588页。
③ 《马克思恩格斯全集》第1卷，人民出版社1956年版，第168页。

到:"法的关系正像国家的形式一样,既不能从它们本身来理解,也不能从所谓人类精神的一般发展来理解,相反,它们根源于物质的生活关系,这种物质的生活关系的总和,黑格尔按照十八世纪的英国人和法国人的先例,概括为'市民社会',而对市民社会的解剖应该到政治经济学中去寻求。"①所以,要获得理解人类历史发展过程的锁钥,不能到黑格尔所说的"大厦之顶"的国家中寻找,应该到资本主义社会物质的生活关系即"市民社会"中去寻找,而研究市民社会的科学就是政治经济学。"经济学研究的不是物,而是人和人之间的关系",这种关系,在他生活的时代"归根到底是阶级和阶级之间的关系"②。马克思以资本为逻辑起点展开经济学研究,通过对资本的剖析,发现了他生活的那个时代两大阶级对立的经济根源,从而指出要变革这种对立的社会关系就必须用新的社会关系模式去取代它,即《共产党宣言》中所主张的,用新的社会制度模式取代旧的社会模式。"共产党人不屑于隐瞒自己的观点和意图。他们公开宣布:他们的目的只有用暴力推翻全部现存的社会制度才能达到。"③旧唯物主义哲学恰恰是没有从变革人与人之间的关系,即建构新的社会制度模式的视角研究问题。早在1843年,马克思在给阿尔诺德·卢格的信中就说:"费尔巴哈的警句只有一点不能使我满意,这就是:他过多地强调自然而过少地强调政治。然而这一联盟是现代哲学能够借以成为真理的唯一联盟"④。他明确地表明实践论哲学的立场,即不能像费尔巴哈那样只强调自然,自然的人,更强调自然与政治的联盟。因为"政治国家是人类的实际斗争的目录"⑤,"政治国家在自己的形式范围内从共和制国家的角度反映了一切社会斗争、社会需求、社会真理"⑥。改造人们生活的世界,不能仅仅从他们自然的肉体组织和自然条件入手,因为个人的肉体组织及由此产生的个人对其他自然的关系,固然是全部人类历史上第一个需要确认的事实,但反观这个过程,"我们在这里既不能深入研究人们自身的生理特性,也不能深入研究人们所处的各种自然条件——地质条件、山岳水文地理条件以及其他条件。任何历史记载都应当从这些自然基础以及它们在历史进程中由于人们的活动而发生的变更出发"⑦。可见,改造世界实践活动是一个主体和客体双向互动的活动过程,物质条件和人们活动过程中建构起的社会关系都会影响人的实践活动。重视自然与政治的联盟才能解释现实的国家、制度模式是怎样生成的,而要推动其向更高、更美好的"应然"

---

① 《马克思恩格斯文集》第1卷,人民出版社2009年版,第588页。
② 《马克思恩格斯文集》第1卷,人民出版社2009年版,第604页。
③ 《马克思恩格斯文集》第2卷,人民出版社2009年版,第66页。
④ 《马克思恩格斯全集》第27卷,人民出版社1995年版,第440页。
⑤ 《马克思恩格斯文集》第10卷,人民出版社2009年版,第8—9页。
⑥ 《马克思恩格斯文集》第10卷,人民出版社2009年版,第9页。
⑦ 《马克思恩格斯选集》第1卷,人民出版社1995年版,第67页。

模式迈进仍需要借助二者的联盟。马克思确立的唯物史观不仅颠覆了"一切历史变动的最终原因，应当到人们变动着的思想中去寻求，并且在一切历史变动中，最重要的、支配全部历史的又是政治变动"①的观点，更重要的是洞悉到"政治变动的动因"②，即"社会借以生产和交换必要生活资料的那些条件"③变动引起的人的社会关系的变革。现实的人在实践中结成的社会关系构成他们的生存结构，要改变这种关系模式就不能脱离政治。纵观近代以来的政党政治可以看到，政治在现实的社会关系建构中之所以重要就是执政党取得了社会制度、政策模式设计的主导权。社会的制度模式、政策模式就是变革社会的实践模式。在革命的时代就是通过革命变革社会模式，在建设时期就是通过改革完善社会政策、制度等模式。

三、模式范畴与社会工程模式

（一）模式范畴

提到模式，很多人就认为是模子或模具，是一种固化的范型或模板，这赋予了模式具有可复制性等特点。模式范畴作为西方科学研究的一种范式进入社会科学领域，反映了人类经验介入生活世界的两条不同推进路径：一是从逻辑学和元数学中派生出来的，即作为深层结构的或者科学家使用的模式或者模型概念，是指某一类结构或结构类型，或者以一定方式满足一个理论公理的结构。模式即结构，它表征某一类既成事物结构的共同特征。社会科学研究中一般意义上通用的模式概念如中文中作为效法样板的模式也类似于此。《魏书·源子恭传》写道："故尚书令、任城王臣澄按故司空臣冲所造明堂样，并连表诏答、两京模式，奏求营起。"④宋朝张邦基的《墨庄漫录》（卷八）记载：张伯益以篆字闻名，被召到京师翰林院篆字，其他的待召的人虽然久闻其名可心中仍有不服。有人说："闻先生之艺久矣，愿见笔法，以为模式"⑤，清代薛福成的《代李伯相重锲洴滨遗书序》中有："王君、夏君表章前哲，以为邦人士模式，可谓能勤其职矣"的描述，技术层面如中国宋代的《营造法式》、清代的《工程做法》中的"法式""做法"就是在这种意义上理解模式概念的。另一种是动态理解的模式，认为模式是观念的表达，是（人、上帝）设计出来的。笛卡儿用模式表达系统规则的设计理念，认为模式由一个设计者在一个满足他想法的公开规划中设计出来。⑥斯宾诺莎认为，模式是实体的特殊状态，心灵是作为思维特征的一种模式的人，肉体是作为一种广

---

① 《马克思恩格斯选集》第3卷，人民出版社1995年版，第334页。
② 《马克思恩格斯选集》第3卷，人民出版社1995年版，第334页。
③ 《马克思恩格斯选集》第3卷，人民出版社1995年版，第335页。
④ 《魏书·源子恭传》。
⑤ （宋）张邦基：《墨庄漫录·过庭录·可书》，中华书局2002年版，第217页。
⑥ 〔英〕安东尼·肯尼：《牛津西方哲学史》第三卷，杨平译，吉林出版集团2010年版，第43页。

延属性的模式的人。心灵与身体是分不开的:人的思想,其实只是人的身体的观念①。"世界是上帝的属性的模式","其与上帝无异,只是上帝用各种思想、肉体的存在表达的模式而已。"②在中国建筑文化中,一个建筑以何种形式展现,都是有规制的。《周礼·考工记》中讲:"匠人营国,方九里,旁三门,国中九经九纬,经涂九轨③,左祖右社,前朝后市,市朝一夫。"一个称为"国"的地方方圆九里地,得有九条横向的道路,九条纵向的道路,纵向道路上要有九条车道,祖庙在左,社稷在右,朝廷在前,居民点或市场在后。道路、祖庙、祭坛等的坐落方位,都是分等级的。清代宫廷建筑近似模式概念的"烫样"更是用建筑语言表达了皇权、等级的思想。在精心设计的"烫样"中,对材质的选用、亭台楼阁、院落方位的坐落、布局融入了对造物规律的认识、主体价值立场和实现情境的抉择综合建模去反映建筑的谋划、布局中映现了皇权与等级思想。反思模式范畴后笔者认为,建构性活动中的模式范畴是一个动态的范畴,是未来社会事物之结构、功能实现的设计架构。当我们只关注作为效仿的样板的事物既有模式的时候,就忽视了对指向未来制度性事实、社会事务生成、功能实现、结构生成的反思。社会工程模式范畴的提出定位了模式范畴在实践论的地位,更有利于我们正确认识制度性事实、社会事物、事件在历史长河中出现的合理性或失误。

(二)模式范畴的缺位引发的真理标准理论困境

19 世纪,科学理论之本质是描述实在世界本相的实在论观点已被普遍认可④正是在这种大背景下,对马克思主义理论从科学论域进行理论建构,研究范式的不可通约而引发的理论冲突成为马克思主义理论创新不可逾越的戈尔狄俄斯之结。就实践是检验真理的唯一标准这一命题来说,从科学实在论的理论视角看,其立足于真理符合论,它解不开通达实在的途径与实在本相之间存在的逻辑悖论——即唯有通过真理才能抵达对实在的认识;而唯有确认实在的本相,才能确定其为真理。换言之,它解决不了既然真理必须与实在符合,为确定真理必须先确定实在的本相这一逻辑悖论。这种在纯逻辑的思辨中求解真理必然就是以待证明的假定为论据,其结果要么是陷入无限前推的怪圈,要么是无限循环。对此状况王南湜认为,实践标准还是在传统认识论的框架下看待理论和实践的关系。把实践看作对知识客观有效性的检验,视真之符合为真理;或真理自身就能保证其客观有效性。这其实是前康德的经验主义或唯理论哲学的观点。马克思真理观是基于传统

---

① 〔英〕安东尼·肯尼:《牛津西方哲学史》第三卷,杨平译,吉林出版集团 2010 年版,第 73 页。
② 〔美〕塞缪尔·E. 斯塔姆、詹姆斯·费舍尔:《西方哲学史:从苏格拉底到萨特及其后》影印本,北京大学出版社 2006 年版,第 237 页。
③ 轨,周时表示道路等级和宽度的基本单位。
④ 张震寰:《实在与科学理论的真理性》,人民出版社 2009 年版,第 10 页。

认识论真理观特别是唯理智主义的德国古典哲学真理观中的困难而发的，针对把理论活动和实践活动截然分开而导致的不可知论而发的。实践标准的命题，不仅不能克服康德哲学所留下的困难，反而重又陷入前康德的经验主义的陈旧学说之中去了。离解决问题的出路不是近了，而是更远了①。把抽空了时空维度的初始理论和具体的某次实践结果之间关系的简单对等是这种研究方法与其欲达目标南辕北辙的直接原因。反观实践标准困境，笔者认为其实质是研究范式带来的逻辑悖论。真理标准的困境来自理论哲学语境下经验论研究范式不能逃脱的逻辑悖论。要跳出这种悖论还要从马克思主义哲学立足点的转换入手。

马克思主义哲学之所以能突破以往理论哲学的藩篱，在于其理论探索的现实旨归——改变世界。马克思主义哲学注重实践，它把一般和个别的关系放在实践过程的结构中来考察，而不是离开实践过程，从纯粹的逻辑观点去考察一般与个别的关系②。实践过程中的一般和个别与理论或逻辑上的一般和个别不同，前者是渗透于实践过程的各个要素和环节上的一般与个别，后者是外在于实践过程和关系的纯形式的一般与个别。马克思主义哲学在改变世界的行动中化解理论哲学中不能和解的悖论是打通认识与实践两分的通道，在具体实践过程中理解个别的具体属性，由此，它的认识论才能跨越纯思辨的疆域推进到建构的层面。考察认识在建构层面的特点和活动，才能深入实践检验的客观过程中认识实践检验的本质：实践检验理论的过程既是实践主体主动参与的过程，又是物质客体的自身变化过程；既有思维的过程，又有物质变革的过程，这两种过程相互渗透融为一体，这才是实践检验的本质。③实践作为主体与客体双向互动的活动过程，本质上就是一种建构活动，认识（思维）、物质建构均在实践活动过程中碰面、权衡、转化、完成，由此，实践检验的客观过程和结构是一个具有一系列相互过渡和中介的系统活动。在系统的活动中，思维的推进进程和物质变革过程相互融通、不可分离。思维活动和物质性的变革活动均是一种集逻辑性、目的性而又不能脱离具体语境的综合建构性活动。相对于物质变革活动而言，思维活动的建构性表现为使一种多元相关的实践理念得以生成，这在以往的理论范式中往往被归结到认识论中，而在具体的实践过程中二者是紧紧融合、无法剥离的。物质变革活动的结果就是使这种基于以反思基础上的实践理念融入现实的存在形式中。由此，这种认识论是与改变世界的实践活动不可分割的。实践过程中初始理论进入实践形成实践理念或可操作的方案，实践活动贯彻这种将其理念外化为模式，通过模式能把实践理念体现出来。实践理念和模式都是进入实践过程以后，在实践中生成和显现的。

---

① 王南湜、谢永康：《后主体性哲学的视域：马克思唯物主义的当代阐释》，中国人民大学出版社2004年版，第258页。

② 王宏波：《工程哲学与社会工程》，中国社会科学出版社2006年版，第199页。

③ 王宏波：《工程哲学与社会工程》，中国社会科学出版社2006年版，第199页。

为此，实践直接检验的不是初始理论而是根据初始理论建构起来的实践理念或具体的社会事务、关系模式。模式将具体实践的初始理论和实践结果联系起来，实践理念体现了认识中理由与判断的关系；社会事物模式实现了行动中设想与结果的关系。这种真理问题的实质就是在实践中通过实践理念、社会事物模式探索、证明自身、完善的自身现实性问题。由此，真理性问题就不是一个认识论中纯粹形式逻辑关系的真假判别问题，实践检验不能被归结为逻辑证明；而逻辑证明只是理论被确定为真理与否的一种辅助形式①。依此脉络，就可以走出实践标准的理论困境。

第二节　当代中国社会发展的现实问题急需社会工程模式研究

哲学作为时代精神的凝结，注定了它是一个动态的发展过程，既表现为一种社会自我意识，也反映这个社会中的人们在思想中所触摸到的自己的时代脉搏。因此，社会生活的现状及其发展也必然推动哲学研究者反思既有的研究范式。就社会发展理论而言，从社会发展宏观层面的研究深入具体社会模式、社会政策建构的社会工程研究，而此项研究把以往宏观层面的唯物史观关于社会规律的研究从存在层面推进到建构层面。

一、社会矛盾的复杂性凸显出社会模式探索的重要性

（一）时空压缩集中呈现

在人类发展史上，欧美国家历经数百年实现的发展——由传统社会到现代社会再到后现代社会的转变，以共时态的面貌集中呈现在我们面前。我们要应对的社会问题呈现出一种错综复杂、矛盾纠结的态势：既有从传统社会转变为现代社会的过程中产生的社会问题，又有从农业社会转变为工业社会的过程中面临的问题，还有从计划经济转变为市场经济的过程中产生的问题，更有从封闭社会走向开放世界的过程中产生的问题。可以说，我们是站在前现代、现代两个历史向度和后现代文化交互影响、纠结的交汇点上。前现代的消极影响还很深远，仍然潜移默化地影响着身处其中的中国人民，从而在某种程度上还将阻碍着中国现代化的进程；而正当这种消极影响还未来得及彻底清算，现代的、后现代的理念和思潮又随着国门的开放蜂拥而至，随着网络时代的来临集中呈现其繁杂的样态。传

---

① 王宏波：《工程哲学与社会工程》，中国社会科学出版社2006年版，第199页。

统性、现代性与后现代性在中国大地以前所未有的恢宏气势汇聚、交流、冲撞、融合。从理论上讲，前现代、现代和后现代三个不同时代的文化理念、物质文明集中压缩到了一个时空之中，它们之间既有相互协调、相互包含、综合集成的要求，又有相互冲突、相互排斥、相互否定的斥力，形成了中国社会高度"时空压缩"的双重效应。从实践来看，改革开放四十年来，我国社会、经济、文化生活的各个方面均取得了巨大成就，但作为"后发展"国家，我们的发展和进步是以"时空压缩"为背景的，在这种背景下"后发优势"和"后发劣势"共同影响着我国改革发展的基本形势，其双重效应也影响着我国当前和未来社会发展的基本走向。应该说，改革开放以来，我国发挥了"后发优势"，在探索和进步的体验中，吸取、借鉴、习得当今世界诸多文明成果和先进技术，比较成功地走出了一条非常规跨越式的发展道路，在短短几十年的时间里，快速完成和达到了发达国家耗时数百年才能实现的历史任务和目标；但与此同时，我国在这几十年的时间里把发达国家在以往几百年中陆续出现、渐进解决的矛盾与问题浓缩、集中于这一时空，使得进一步发展面临着错综复杂的挑战。可以说，"时空压缩"的正效应，成就了我国改革开放以来辉煌的发展成果，为我国经济社会的可持续发展提供了坚实的物质基础和可靠的现实可能及思想文化储备；而其负效应，又给经济社会的发展集中呈现出了错综复杂的各种压力和亟待解决的种种问题。

（二）社会领域多重约束相互交织

在社会领域多层次、多元化、多主体、多维度、多种约束相互交织。社会系统是由社会的经济结构、政治结构和文化结构组合而成的相互联系的有机整体。社会结构的复杂性特征表现为政治、经济、文化、科学、技术、教育、文化相互交叉渗透的一体化，每一个领域就是一个学科，每一个学科、领域之间又是经络交叉浑然一体的，而每一个因素中又都包含政治、经济、文化等问题。每一个领域都有着独立的运行规则，当出现社会问题时，聚集在问题上的矛盾呈现出多种约束相互交织的特点。中国社会发展进程中多种约束相互交织，正如李克强同志在 2018 年政府工作报告中指出："综合分析国内外形势，我国发展面临的机遇和挑战并存。世界经济有望继续复苏，但不稳定不确定因素很多，主要经济体政策调整及其外溢效应带来变数，保护主义加剧，地缘政治风险上升。我国经济正处在转变发展方式、优化经济结构、转换增长动力的攻关期，还有很多坡要爬、坎要过，需要应对可以预料和难以预料的风险挑战。"[①]

中国特色社会主义进入了新时代，这是一个新的历史发展起点，"时空压缩"的双重效应，社会主要矛盾的转化，对我国经济社会的全面发展既提出了紧迫的必

[①] 李克强：《政府工作报告——2018 年 3 月 5 日在第十三届全国人民代表大会第一次会议上》，2018 年 3 月 22 日，http://www.81cn/2018zt/2018-03/05/content_7960112.htm。

要性，又提供了现实的可能性。我们在思考我国社会主义现代化发展模式时，就必须清楚地认识到"我国社会主要矛盾的变化，没有改变我们对我国社会主义所处历史阶段的判断，我国仍处于并将长期处于社会主义初级阶段的基本国情没有变，我国是世界最大发展中国家的国际地位没有变"①，我们必须直面我国所处的历史阶段、"时空压缩"的现实国情，考虑进入新时代社会矛盾的新变化和"时空压缩"的双重效应所带来的一系列发展优势与缺陷限制。努力实现我国经济社会协调可持续发展、和平发展和科学发展，使经济的增长和社会的进步、人民生活的改善同步进行。

　　以自然科学真理观为核心的哲学体系带有浓厚的科学主义特色，是一种以客观规律为核心，自然科学真理为目标的哲学体系。这种哲学体系在解释社会生活领域中的人类建构活动时，只能够借助实践去解释，而实践作为认识的来源、检验真理的标准不仅需要得到社会生活的验证，更需要具有一定的可操作性。因此，把模式上升为哲学研究范式，就成为社会生活中实践对理论的必然要求，它可以在真理和成功之间架起一座桥梁。

　　中国社会正在发生的变化呼唤着理论研究范式的转换。这就要求我们改变以前多从唯物史观关于历史趋势、宏观理论的层面研究社会发展问题的研究旨趣，转向扎根中国特色社会主义建设，以问题意识为导向，用马克思主义的基本立场、观点和方法审视、思考中国当代社会问题的化解途径、方法、思维，深入具体社会发展理论的研究，为社会发展提供有益的理论参考。模式范畴的引入是现实需要和理论推进的必然诉求。

二、哲学研究引入模式范畴的必要性

　　规律不等同于模式，社会发展规律并不能自然推导出合乎社会发展规律的具体社会形式和社会政策的建构与制定。社会发展规律蕴含着社会发展过程中生产力、生产关系、人与社会之间普遍的、一般的相关性和前景趋势，它对于实践来说，简单的拿来主义、照搬照抄只能是走向失败。在当代中国，我们应对社会问题时强调以人为本，落实科学发展观，究其核心就是怎样把人的需要的目的性、社会发展的规律性和发展条件的制约性有机地结合起来制定出适合当下的社会发展模式或社会政策。忽视规律和模式的差别就不能正确对待决策实践中的失败案例，降低社会发展理论的说服力和解释力。

三、模式研究是学术研究与社会发展实践必须面临的重要问题

　　改革开放以来，以模式为主题的学术论文和著作层出不穷，给我们研究模式

---

①《党的十九大报告辅导读本》编写组编：《党的十九大报告辅导读本》，人民出版社 2017 年版，第 12 页。

建构提供了丰富的思想资源和反思的基础。特别是在中国特色社会主义建设中，探索适合本国国情的社会发展道路、政策、策略更是对模式问题研究提出了现实的要求。中华人民共和国成立以来，以中国特色社会主义为实质内容的中国模式初步形成，并引起世界广泛关注、被越来越多的人们认可和接受。当前，中国模式成为理论界、学术界关注和研究的一个焦点问题①。在面对各种全球问题时，模式研究也成为关注的中心。第42届世界经济论坛2012年年会的主题为"大转型：塑造新模式"。对于这个主题的确定，世界经济论坛主席施瓦布说："确定今年的主题，是因为我们处于一个深刻变化的时代，迫切需要用新的思维方式来取代旧有的商业思维，我们需要摆脱单纯的危机应急管理，取而代之以新的模式……资本主义的运行模式已经不能适应今天的世界"，"试图用过去的方式解决现在面临的问题，只会让我们走进死胡同。"②论坛的四个子议题为：增长和就业模式、领导力和创新模式、可持续发展和资源模式、社会和技术模式，紧紧围绕模式研究探求全球经济、政治、文化、环境、教育等社会发展问题，强调在解决全球、区域和行业复杂问题时要考虑各种模式之间的相互关联。关注世界范围内资本主义运行模式的自身调整不仅有助于在中国特色社会主义建设中进一步探索适合自己的发展模式，而且从理论上也是探索发展马克思主义理论创新的突破口之一。

模式是理论到实践绕不过去的中介环节。在应对具体问题的实践活动中，"外部世界对人的影响表现在人的头脑中，反映在人的头脑中，成为感觉、思想、动机、意志，总之，成为'理想的意图'，并且以这种形态变成'理想力量'"③。从思维中的理想意图，变成变革对象的理想力量，必然会经历模式的设计与实施，所谓的发展就是在这种模式探索中不断尝试、不断调整而趋于进步的。

在研究社会发展问题时引入模式概念，有助于人们正确地认识和总结实践过程中获得的经验与教训，避免简单化的经验主义与教条主义。由于经过对策这一中间环节的折射，事物发展的因果链条中加入了人的主观目的或价值的因素，使规律与实践结果之间的关系出现了复杂的情况。④对策或模式的设计探索了新的生成物存在的初始条件和具体情景，使经过思维抽象提炼过的基础理论回到了实践的语境下，恢复了理论命题在实践中丰富的内涵。

在以往的马克思主义哲学研究中，我们没有将模式作为理论研究的对象，不认为模式是相对独立的社会现象。"常常有人问我，我是什么时候和为什么开始背离马克思主义的，首先是背离马克思主义的实际体现，即所谓'社会主义的'……

---

① 陈建兵：《中国模式与社会工程研究的兴起》，《西安交通大学学报》2011年第1期，第84—87页。
② 佚名：《2012冬季达沃斯论坛25日开幕 聚焦新经济模式》，2012年1月25日，http://money.fjsen.com/2012-01/25/content-7720372.htm。
③ 《马克思恩格斯选集》第4卷，人民出版社1995年版，第232页。
④ 王宏波：《社会工程研究引论》，中国社会科学出版社2007年版，第6页。

我将不止一次地来谈这个问题。这个问题非常复杂。尤其对我这个几乎一生献给意识形态、社会科学和外交工作的人来说更是如此。但是，正因为我曾仔细研究过马列主义经典作家的著作，这个教义的'永恒真理'在我眼里一年比一年暗淡无光，越来越经常出现疑点和空白点，往日的那种使人浮想联翩的色调已明显地失去光泽。"① 雅科夫列夫把苏联社会主义模式探索的失败，归因于马克思主义理论的问题。在当前中国，也有很多人把社会主义建设中的政策和理论等同起来，把某一个政策的失误当作理论的问题。以上观点没有厘清规律和模式、理论和政策的区别，可能会导致理论上的混乱。

毛泽东的《实践论》是1937年为反对教条主义而作的理论文章，主要论述实践对认识的产生和发展的重要意义，揭示了认识与实践的辩证运动规律，提出了认识过程的两次飞跃的理论。毛泽东提出了不同的认识形式：思想、理论、计划、方案等，都是从实践中来，并要经过实践的检验。他从实践出发研究中国社会的特殊规律，寻找中国革命的道路和模式。改革开放以来，党的十一届三中全会后制定的一系列新的方针政策，归根到底都是恢复和坚持实事求是的思想路线，"根据这条思想路线来探索中国怎样建设社会主义。我们现在干的事业是全新的事业"②。"社会主义可以有不同模式"，从建设模式角度提出对社会主义再认识的问题，引出了发展规律和实践模式的关系问题。在党的十九大报告中，习近平同志讲，"十八大以来，国内外形势变化和我国各项事业发展都给我们提出了一个重大的时代课题，这就是必须从理论和实践结合上系统回答新时代坚持和发展什么样的中国特色社会主义、怎样坚持和发展中国特色社会主义"③。这个时代命题不是何为社会主义的本体论追问，而是走向新时代的强国，坚持和发展中国特色社会主义该怎么办的问题，是一个实践智慧的现实追问，其本质是中国特色社会主义模式探索问题。要回答中国特色社会主义的总目标、总任务、总体布局、战略布局怎么设计、发展方向发展方式怎么选择、发展动力如何激发、战略步骤如何布局、外部条件怎么创造、政治保证如何实现的问题。这一系列追问不是一个面壁直观的理论追问，而是一个建构性的追问，即新时代坚持和发展中国特色社会主义的基本方略在中国大地落地生根的问题。

针对我们面对的时代课题，中国共产党人要立足于把握人类社会发展的一般规律、社会主义建设规律和党的执政规律，把握中国社会发展的阶段性特征，在历史与现实的结合点上，探索中国特色社会主义的发展理论、发展道路和发展模式。在重要的战略机遇期，要紧抓新的实践对经济、政治、法治、科技、文化、

---

① 〔俄〕亚·尼·雅科夫列夫：《一杯苦酒：俄罗斯的布尔什维主义和改革运动》，徐葵、李达楠、王器等译，社会科学文献出版社2016年版，第10页。
② 《邓小平文选》第3卷，人民出版社1993年版，第254页。
③ 《党的十九大报告辅导读本》编写组：《党的十九大报告辅导读本》，人民出版社2017年版，第18页。

教育、民生、民族、宗教、社会、生态文明、国家安全、国防和军队、"一国两制"和祖国统一、统一战线、外交、党的建设等各方面提出的新问题，不仅作出理论分析，更重要的是作出政策指导。要紧紧围绕实现社会主义现代化和中华民族伟大复兴这一总任务，实现建成富强民主文明和谐美丽的社会主义现代化强国的目标，积极探索坚持和发展中国特色社会主义的具体模式。在这种模式下，承载着社会规律、自然规律的客观要求，人民至上的价值立场，以及对本国国情的研判。在当代中国，寻找"合适的"生产关系具体形式的活动，本质上是探索体现中国特色社会主义的社会模式的实践活动。

马克思主义从实践出发研究人类社会发展规律，真理与实践相结合。毛泽东从实践出发研究中国社会的特殊规律，寻找中国革命的道路和模式。改革开放以后，邓小平强调"照抄照搬别国经验、别国模式，从来不能得到成功"[①]，提出中国的事情要按照中国的情况来办，社会主义可以有不同模式。从建设模式角度提出对社会主义再认识的问题，引出了发展规律和实践模式的关系问题。社会主义可以有不同模式的研判开辟了改革开放的新时代，推动了马克思主义理论的新发展。习近平强调我们要保持和发扬："马克思主义政党与时俱进的理论品格，勇于推进实践基础上的理论创新。"[②]今天，我们探索实践智慧就是为了厘清思想认识，发现真理，整合价值，创新模式，来应对中国特色社会主义道路中产生的中国问题。

模式探索把理论的普遍性和实践的直接现实性对接、融合起来，完成"实践—认识—再实践—再认识"循序渐进认识过程的完整循环。一种新的社会模式的成功，说明是规律、价值和情境三个关系处理得恰到好处，而一旦模式探索失败，我们既可以追问对社会发展理论的认识是否正确，也可以反思价值定位是不是合理，还可以探寻对情境判断是否准确。总之，模式范畴的引入使我们认识到成功和失败都是模式设计及其实现的结果。这样，一旦实践中出现失败，我们从理论溯源上只把部分原因归到对基础理论的拷问，而不是把全部原因都追到理论命题的真理性。即便怀疑理论的真理性，我们还可以从理论内涵、逻辑等方面更为微观的环节上溯源，深刻反思模式的弊端。

苏联的剧变是苏联模式的失败，不是马克思主义被证伪。马克思主义实践论是关乎认识与实践、知与行关系的理论，如前所述，马克思主义的认识论是针对近代理论哲学认识论的困境提出的，这种基于实践物质观基础上的唯物主义认识论，其探究人类认识的理论旨趣不仅仅在于认识本身，非为爱智而致知，其旨在探寻改变现实的人的生存状态，谋求现实人的此岸幸福的现实途径。认识与实践是在

---

① 《邓小平文选》第 3 卷，人民出版社 1993 年版，第 2 页。
② 习近平：《高举中国特色社会主义伟大旗帜 为决胜全面小康社会实现中国梦而奋斗》，《人民日报》，2017年7月28日。

改造世界的活动中紧密融合、相互影响、映衬趋于共进，这种以改造世界为导向的理论探索走出了理论哲学形而上的论域，主张在实践的基础上证明思维的真理性。

第三节　社会工程模式设计的三维结构和要求

社会工程研究中以问题为导向，思维和存在、精神和物质的融合点向欲达的目标集结，开启了实践理念建构和实现形式建构的探索，把知识性命题转化为操作性命题，实质上就是科学知识转化为科学实践的问题，模式设计是社会工程研究的核心。社会工程模式设计是主体主动选择和对内外条件约束的屈服，是各种异质性的联系基于实现条件形成实践理念的生成及外化。从认识到实践是指向未来的活动，能做什么、要做什么是实践的核心内容。社会工程模式设计就是要把符合社会发展要求的社会系统结构和运行程序设计出来。能做的多元性与要做的多元性综合权衡的结果就是模式。模式范畴揭示了实践活动的建构指向结构和新的制度性事实、社会事务的功能和结构的实现。从思维定位、认识过程的第二次飞跃来看模式的地位，我们认为，社会工程模式向前是指既有社会关系建构的模板、向后指向未来社会关系结构、功能实现的设计架构。社会工程模式旨在把一种理念转化成一种具有功能的社会结构形式。正如范·弗拉森所说的，模式具有特殊的结构，在这些结构中，所有相关参数都有特殊的值[1]。社会工程模式的架构是集规律、价值和情境于一体的社会政策设计架构，会因不同要素的权重结成不同的表现样态。

一、社会工程模式设计的三个维度

（一）规律向度

针对我们面对的社会问题，中国共产党人要立足于把握人类社会发展的一般规律、社会主义建设规律和自身执政规律，在对涉及经济、政治、法治、科技、文化、教育、民生、民族、宗教、社会、生态文明、国家安全、国防和军队、"一国两制"和祖国统一、统一战线、外交、党的建设等各方面、各领域规律把握的基础上，针对问题做出理论分析，给出政策指导。

社会规律、自然规律限制社会工程设计的可能性空间。制度的设计是以物为据的，以事物、事件之间的客观约束为根据和边界。一个新的社会制度、社会政策从无到有，从理想中的构思到现实中的真正缓和、化解社会矛盾，首先必须合乎社会规律和自然规律及其与此相关的其他规律。政策、制度的目的是规范社会行为，它需要合乎社会规律、人的行为规律。以制度、政策、社会规则体系的形

---

[1]〔美〕范·弗拉森：《科学的形象》，郑祥福译，上海译文出版社2005年版，第57页。

式表现出来的社会模式是人类将自身理想付诸实践的环节和载体，人们在认识规律性的基础上，选择和创设各类社会模式，作用于现实社会结构，从而实现对未来的期望，实现人类自身的理想。①

社会工程设计的可能性是以社会规律、自然规律的客观存在为依据的。社会工程模式设计首先要合规律。制约社会工程模式实现的是一个规律群。这一规律群的存在域不同，思维方式不同，共同影响社会工程模式设计。社会结构是由若干方面、若干类型制度组合而成的，社会结构的不同层面、领域隐含着不同的差异、冲突和矛盾，遵循着不同的运行规律，其中的每一种制度都规定和制约着一种社会活动，如政治制度规制政治活动、经济制度规制经济活动、社会文化制度规制社会文化活动。所以，基于整体视角的模式设计要协调不同制度间多重异质性规律相互协调的问题。

（二）价值向度

在解决社会问题、化解社会矛盾、制定社会政策等一系列社会工程活动中，如何把以人民为中心的价值立场、立党为公和执政为民的执政理念、依靠人民创造历史伟业的唯物史观立场贯彻到政策模式中是十分重要的考量维度。

社会工程活动中主体的价值目标引领运用规律的类型及其方式的选择。任何一种社会模式的设计，都不可避免地包含着价值原则。不同的价值主体有着不同的价值主张，同一价值主体有着不同的价值排序抉择。人类历史上大到社会模式的抉择、小到具体社会政策的抉择无不体现着人们的价值分歧和价值导向。因此，社会模式设计既坚持满足社会主体多样化的价值需求，又坚持不同社会主体的多元价值和社会整体的一元价值的统一。

（三）情境向度

具体问题具体分析就是对在什么情况下，针对什么问题制定对策的研究，任何模式设计都有约束条件。情境是社会工程模式生成的约束条件的总称。社会工程所建立的制度性的存在模式是特定范围内人们达成一致同意才成立的，其基本结构就是在一系列"X 在 C 中算作 Y"的系统中，持续地将集体的意向性赋予某些现象。就概念的表征而言，在特定的规则系统中，集体同意的意向不是抽象、无物附着的认同，而是针对具体对象有具体内涵的认同、认可。系统中所论及的范畴是自指的、内涵是自明的，超出规则系统约束将不复存在，由此，约束条件是最基本的语境。社会工程所面临的情境是极为复杂的。与实践的逻辑获得呈现密切相关的情境就有三种：行动者所处的情境，与行动者作为诠释者所理解的情境，以及作为非施动者的诠释者所理解的情境，这是三个

---

① 杨建科：《社会工程思维及其意义》，西安交通大学 2010 年博士论文，第 25 页。

不同的情境。①如此复杂情境都制约着模式、方案的抉择，影响着它们起作用的边界和程度。具体情景选择条件的发展态势关乎模式的效用问题。一项合规律、合价值的社会政策能否有效不能离开具体情境的选择条件。因此，地方知识②或地方性知识③所包含的立场和视域就形成了它特定的情境，成为影响制度模式效能的约束条件。

概言之，对规律认识的深入、价值立足点的转换及语境的变动都能引起社会制度、政策模式的动态变化。规律性的认识是继承以往经验，价值判断基于主体的需求，语境源于可实现的条件。从实践过程来说，模式是集主体对初始理论的认识的把握（规律）、主体的价值导向和情境三重维度的统一。不同要素的不同排列、组合及其之间细微的变化都会引起系统结合而生成不同类型的模式。粗略分析：基于同样规律选择的价值目标、情境相异产生可以生成不同的实践理念模型和社会事物模式；价值选择相同理论依据、情境的相异也会产生不同的实践理念模型和社会事物模式；价值选择、理论依据相同，而情境不同同样生成不同的实践理念模型和社会事物模式。这只是一般描述，其中对理论依据认识的深度、价值排序的权重、情境的差异等都会引起实践模式的千变万化。由此，从初始理论出发，不同的价值导向在具体情境下，事物可能呈现出多种模式，哪一种模式得以成形，是一个综合权衡的过程。主体的价值导向、某种价值在主体价值排序中的定位、实现的可能条件等多种要素之间的综合权衡地选取成就了事物的实现形式。

社会工程本质上是一种社会建构活动，更能体现实践的主体与客体互动的过程，更能体现实践的建构本性。认识（思维）新的物质性关系、物质形式均在实践过程中碰撞、权衡、转化、完成，由此，模式是在实践过程中生成的。就真理标准论题而言，实践检验的客观过程和结构是一个具有一系列相互过渡和中介的系统活动。这个系统活动是由不同层面的模式构成的。思维活动和物质性的变革活动及其结果均是集逻辑、目的而又不能脱离具体语境于一体的综合性建构活动中生成的模式。由此，我们可以说，就实践中的真理标准而言，实践检验的不是初始理论，而是根据初始理论建构起来的实践理念和具体的制度性事实、社会事务模式。这些模式是集规律、价值和情境为一体的三维结构。因此，模式是连接实践的初始理论和实践结果或过程的中介。其中，理念模式体现认识论中理由与判断的关系；制度性事实、社会事物模式实现行动中设想与结果的关系。由此，实践检验的正是根据初始理论设计的理念及理念外化的模式。以此定位模式在实

---

① 刘森林：《实践的逻辑》，社会科学文献出版社2009年版，第20页。
② 〔美〕克里福特·格尔茨：《地方知识：阐释人类学论文集》，杨德睿译，商务印书馆2014年版，第193页。
③ 吴彤：《科学实践与地方性知识》，科学出版社2017年版，第3页。

践论中的地位才有利于我们正确认识实践标准和制度性事实、社会事务、事件在历史长河中出场的合理性或失误。

二、社会工程模式设计的要求

社会工程是社会改革与社会管理的科学技术，其核心是模式设计。模式设计就是用跨学科、综合集成的方法把对规律、价值、情境的研判排列组合，综合考量，从而设计出合理有效的应对办法。社会工程的设计与实施的基本方法和步骤可以概括为：系统建模—系统仿真—系统分析—系统优化。[①]社会工程模式设计是一个复杂系统的建模问题。

（一）整体性

模式设计首先要具有整体性。社会工程讲的是理念先行，顶层设计，整体性是其首要的设计要求。从指导理念上说，社会工程不能理解为改变社会的技术，因为它不同于个别社会问题的解决，不是头疼医头脚疼医脚，是多学科联合作业解决社会问题。模式设计是科学视角和哲学视角的融合，科学没有哲学是盲目的，哲学没有科学是无效的。他们之间的合作将使双方收益。一方面，一旦我们开始对复杂性的本质有了更多的理解，那关于复杂性的模型才在科学实践中变得成功。另一方面，只有将我们的模型进行实际的科学测试，才有可能改进我们的理解[②]。

（二）协调性

社会工程模式中的规律、价值、情境三个维度的抉择表现了社会要素之间的协调性。西利亚斯认为："复杂系统不可或缺的两种能力：必须能够储存关涉环境的信息以备未来之运用，以及必须在必要时能够适应地改变其结构。"[③]社会工程模式，融合了自然科学、社会科学的知识，把科学揭示的要素之间的逻辑关系融入实践活动中的双向互动过程，社会工程模式就是通过规律、价值、情境等维度的综合权衡，设计出功能协调的实施方案。

（三）实用性

社会工程模式的三维架构揭示了复杂社会系统中应对社会问题的社会政策模式、制度性事实生成的一般逻辑，它反映了复杂系统的模型所能满足的条件：表征和自组织过程必须在模型中能够加以模拟。大的社会工程往往通过人工仿真或

[①] 黄顺基：《社会工程是社会改革与社会管理的科学技术》，《教学与研究》2010年第8期，第15页。
[②] 〔南非〕保罗·西利亚斯：《复杂性与后现代主义》，曾国屏译，上海世纪出版集团2006年版，第18页。
[③] 〔南非〕保罗·西利亚斯：《复杂性与后现代主义》，曾国屏译，上海世纪出版集团2006年版，第14页。

者局部试验来加深人们对社会事物的理解，而深入的理解有助于提高社会事物建构的成功率。

第四节 社会秩序模式的自发形成和自觉建构

社会秩序的起源和未来发展是社会工程学不容忽视的问题。哈耶克一生的学术生涯以《致命的自负：社会主义的谬误》作结，无论其所涉及的论题还是我国社会主义建设实践本身都使我们要严肃对待、思考这位耄耋学者直至暮年都不放弃的、关乎社会运行秩序问题的睿智洞见。与这种洞见对话，一方面促使我们对社会工程的理论前提进行反思，另一方面促使我们在实践中慎重对待人类理性，提高社会工程成功的概率。

一、哈耶克的质疑

在《致命的自负：社会主义的谬误》一书导论部分，哈那克明确指出："本书所反对的是指导社会主义的那些由来已久的理性学说的规范，一种我称之为'建构论理性主义'的陈旧的反科学的方法论。"建构论理性主义（constructivist rationalism）一词中，后缀 ism 是一个含有贬义的词缀，包含主义、教条之意。在哈耶克看来，建构论理性主义是社会主义模式建构的指导思想，这种自大的思想值得反思。哈耶克不否认理性具有改进各种规范和制度的能力，但是认为建构论理性主义作为社会主义模式建构的指导思想，是一种"自负"。与许多西方一流知识分子一样，哈耶克对以理性为依据规划社会秩序的社会组织形式进行了深刻的批判。他曾致力于经济学研究探索经济运行机制却对理性计划诉诸经济实践的希特勒政权、苏联模式深感失望，从而转向研究社会哲学；他目睹、见证了 20 世纪人类科技的迅猛发展，但也感受到它带来的潜在危险，他认为科学领域的每一个巨大进步，都助推了人类对自己理性控制能力的盲目自信，从而威胁着人类的自由。从第二次世界大战后期的《通往奴役之路》，到耄耋之年病榻中脱稿的《致命的自负：社会主义的谬误》，他数十年一以贯之地反对思想僵化、教条充盈、集权政治境遇中社会主义实践，针对的是充斥于建构论中的理性"主义"。这种"反科学的方法论"统领下的社会主义者的社会建构——旨在对整个社会实行计划的企图，是一种"致命的自负"。①他希望借尊重法治条件下的市场秩序、而不是诉诸社会主义实践的计划经济解救当时社会面临的危机，不厘清这一前提就和

---

① 〔俄〕亚历山大·雅科夫列夫：《雾霭：俄罗斯百年忧思录》，述弢译，中国社会科学出版社 2015 年版，第 2 页。

哈耶克自发秩序对话是无效的。哈耶克质疑的是集权政治秩序下的社会主义模式的理论前提和实践依据。哈耶克批判的是支撑社会主义实践的知识转化为模式时所犯的错误。他认为社会主义是在集体支配现有资源的基础上让中央政权任意安排人类交往，是在有关资源的知识如何产生、如何能够产生以及如何才能得到利用的问题上，犯下了事实方面的错误[①]。事实方面的错误是借以依据的知识在转化为具体社会事务时犯下的错误，换言之，是模式错误。由此，哈耶克并不是反对理性在社会建构活动中的作用，他承认人类理性具有改进各种规范和制度的能力、以社会公正为取向的整个道德体系是有可能进行改造的，但是强调"我们只有检视一种道德体系的各个部分"才能做到这种改造。要正视经济学和生物学所揭示的令人惊奇的事物所包含的意义，即在未经设计的情况下生成的秩序，能够大大超越人们自觉追求的计划。

二、社会秩序模式的演进是自组织和他组织的统一

哈耶克是从科学视角切入价值和社会秩序、制度研究的。但是，社会结构的变革，从一种秩序到另一种秩序，从一种模式到另一种模式，绝非纯科学问题，它的演变既遵循科学规律，又掺杂着人的活动规律、价值主旨。判断社会问题既要有自然科学思维，又要有社会科学思维，更要有工程思维。我们用新的思维方式、跨学科的视角看人类秩序的演进，就有了新的视野和结论。

第一，社会系统结构是不同社会主体在社会互动的基础之上形成的制度化的社会关系。社会系统结构的形成也是自组织和他组织的统一。社会系统本身的内部与外部的划分则是相对的，一方面，社会作为一种有序结构的模式有自组织的特点。开放的社会系统中，社会系统与其周边环境保持相应的相互作用；社会模式信息的构架是由内部自发产生的，即社会系统内部产生的模式不是外部直接给予的，而是内部的相互作用自发（自生）建构出来的。社会秩序是在一种既定的社会系统在获得空间、时间和功能的结构过程中，没有外界的特定干预，是在自组织开放的背景下，系统自发形成内部有序结构的过程；另一方面，作为建构性活动的社会系统结构的变革与自然界自发的生物进化选择是不同的。社会结构的变革在社会系统中的自组织特点有特殊的表现：自组织揭示了某种创新的新机制，因为任何新的有序结构模式的生成都不可能是直接给予的，而只可能是在关于相关因素的相互作用中综合建构出来的，也就是说任何新的有序结构模式的生成都不可能是它组织的，而只能是通过自组织实现的。正是在这种意义上，我们说，

[①]〔英〕哈耶克：《致命的自负：社会主义的谬误》，冯克利，等译，中国社会科学出版社2009年版，第3页。

自组织乃是新模式创生的一般机制。①但是,社会系统的自组织创新的信息并不排除从系统外部直接引入外部信息,并按此模式建构系统新模式,这个过程也就有了他组织的特点。

第二,宏观秩序的演变是自发进化与自觉性建构的统一。哈耶克所持的一个基本论点就是认为道德规范尤其是以财产、自由、公证制度等非人理性所创造的,而是文化进化赋予人类的一种独特的"第二禀性"②。他从发生学的视角探索文化进化、秩序的起源。哈耶克认为,文明无论从其起源还是其维持都取决于人类合作中不断扩展的秩序,而这种扩展秩序并不是人类设计或意图造成的结果,而是一个自发的产物③,是人们无意之间遵守某些传统的、主要是从道德方面的做法中产生的,是在群体进化选择过程中迅速传播开来的。由此,他认为这种自发产生的人类社会秩序是通过自然选择过程形成自身。扩展秩序完全是自然的产物:就像类似的生物现象一样,它在自然选择过程中,通过自然进化而形成自身。

第三,社会秩序的进步是通过社会模式的转换,自觉纠错趋于完善的。哈耶克认为,对于社会有机体这种复杂现象来说,人类理智对其模式形成机制的认知只能掌握一些有关它的一般结构的抽象知识,而无力建构具体的形式。这种看法反映了20世纪科学哲学对此问题的权威看法,但是它不能否认:社会有机体不同于自然界的有机体,它不仅是自然选择还涉及价值选择。这种价值选择表现在人类制度的起源和发展上,还映现在社会制度模式的理性建构中,它是自发形成与自觉建构的统一。自人类制度出现以后,每一种所谓自发秩序的确立、扩展都与当时社会条件下制度的支持密不可分,自觉建构的制度对自发秩序进行纠偏才能推动社会秩序的进步,在复杂社会境遇中更是如此。

不可否认,哈耶克的怀疑启示我们:每一种制度模式都是人们在具体社会情境中的某种抉择的产物,其合法性并非一劳永逸。因此,对理性在社会秩序建构中的作用也不能盲目自信。他并不是反对理性,而是反对理性建构"主义"所主张的"理性的虚妄及合理干涉自发秩序的危险"④,强调要"正确运用理性",即承认自我局限性、进行自我教育的理性。按此逻辑,如果社会主义制度模式建构中能够正确地运用理性,并在社会主义建设中勇于纠错,自觉建构就不仅是可行的,而且是改进社会制度、规范的有力工具。可以说,我们身处其中的社会秩序或者社会制度模式就是在自发形成和自觉建构中通过社会模式的新旧更替不断突

---

① 邬焜:《信息哲学:理论、体系、方法》,商务印书馆2005年版,第248页。
② 〔英〕哈耶克:《致命的自负:社会主义的谬误》,冯克利,等译,中国社会科学出版社 2009 年版,第 56 页。
③ 〔英〕哈耶克:《致命的自负:社会主义的谬误》,冯克利,等译,中国社会科学出版社2009年版,第3页。
④ 〔英〕哈耶克:《致命的自负:社会主义的谬误》,冯克利,等译,中国社会科学出版社 2009 年版,第 37 页。

破自身理性的局限，完成自我教育的过程走向理想未来。社会工程学就是致力于探索这种模式架构规律。

第五节 掌政小型金融模式的社会工程分析

从模式的构成分析政策的实施成效不仅开拓了理论的视野，也为制定合理有效的社会政策模式探索出一种切实可行的社会科学研究方法。

一、传统信用社贷款模式流程

以小额贷款模式为例，改革开放40余年来，民间资本有一定的积累，也有投资的需求。与此同时，很多中小企业面临融资难的问题。既要发展小额金融机构又要有效遏制民间借贷高利贷化倾向，依法打击非法集资、金融传销等违法活动，是中央政府急需解决的一项社会工程问题。为此，时任国务院总理温家宝于2011年10月12日主持召开国务院常务会议上，研究确定支持小型和微型企业发展的金融、财税政策措施。其中，两大议题就是：促进小金融机构改革与发展、促进民间借贷健康发展。2012年3月以来，金融改革试点成为浙江、广东等省份社会政策中一项重要问题正在探索中。

传统信用社贷款模式服务是单一的借贷、手续繁杂。而现有的国家商业银行、传统信用社贷款客户与信用社是简单的信贷关系，不能完全满足个人、小企业急需贷款的需求。其流程如图5-1所示。

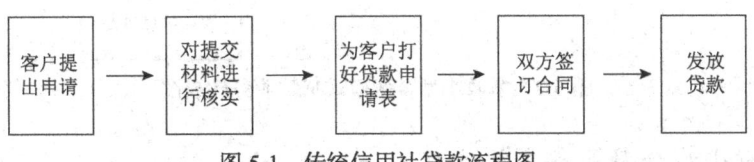

图5-1 传统信用社贷款流程图

传统信用社贷款模式是一种一维的流线型设计，在运行中的弊端是风险较大，容易出现放出的贷款逾期不还、呆账等风险。个人和小型企业又或因贷款程序复杂，或不符合正规金融机构的贷款要求难以资助。

二、掌政模式贷款业务构成

宁夏掌政镇出现的"三位一体"的新型小型金融突破了单一信贷理念，把贷款、帮扶、服务结合起来，在帮助借贷人的同时，也能实现民间资本投资及小型金融资金链条的顺畅运转（图5-2）。

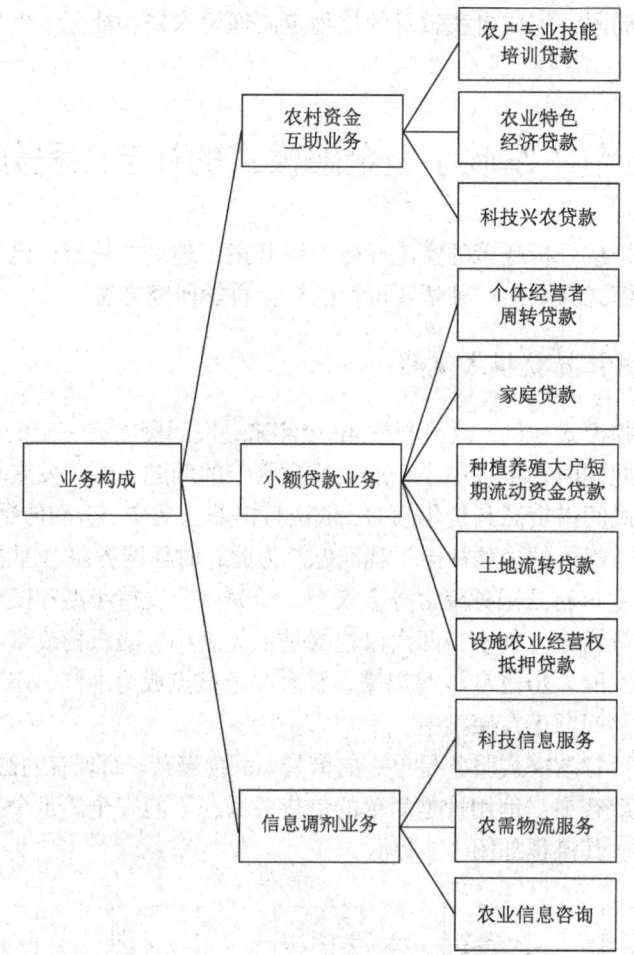

图 5-2 掌政小型金融模式贷款业务构成图

三、掌政小型金融业务贷款流程

掌政小型金融模式自 2008 年正式运行,仅仅两年,累计放款达 6800 多万元,贷款覆盖了掌政镇包括 2700 多农户在内的近万人,有效支持了当地 25%的农户进行特色农业、养殖业、流通服务业的发展,所放贷款无逾期、无呆账,实现了放贷零风险。掌政模式成为宁夏农村乃至全国小型金融成功的典范(图 5-3)。

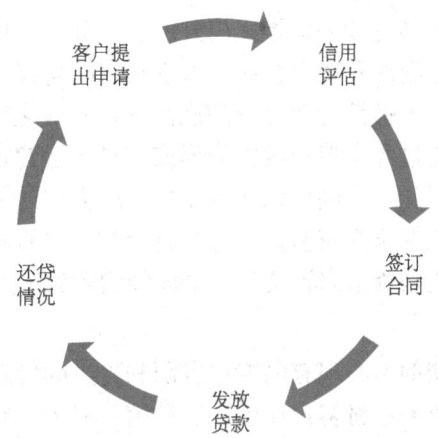

图 5-3　掌政小型金融模式贷款流程图

（一）"三位一体"的营运模式的理念

掌政小型金融模式从整体性设计出发，用贷款、帮扶、服务"三位一体"立体营运模式规避风险。掌政资金物流调剂中心不是商业银行，资金运转不能像一般商业银行一样吸收社会存款，其所需运营资金源于群众的股本金支撑资产业务的扩张，因此，贷款流程控制和风险管理成为中心能否稳健运行的命脉所在，也是该模式顶层设计拟达到的目标。掌政小型金融模式紧抓顶层设计，从整体的高度确立了双赢的盈利理念，把贷款、帮扶、服务融合到营运模式中。以双赢理念为指导，以自身、客户都要在其中得到益处为目标，业务的构成上从单一的借贷业务理念中超拔出来，使贷款、帮扶、服务三个子业务功能相互补充、支持双赢的主旨。

1. 规避风险

掌政小型金融模式用农村资金互助业务帮助农民生产和发展，确保放出去的贷款在未来能带来其承诺的回报。掌政资金物流调剂中心利用聚集股东股本金，通过余缺调剂的形式，收取较低的利息或免息，为急需资金的农户提供小额贷款，满足农户急需小额资金的需求，帮助农民生产和发展。该项业务注重帮扶，旨在增强农户自身在市场经济博弈中的竞争力，注重帮扶对象自身"造血"功能的培育。该项业务虽具有明显的扶贫性，但因为贷款之前精选有前景的项目，帮助其启动，后期收益和社会效益都非常显著。在其经营的科技兴农贷款、农业特色经济贷款、农户专业技能培训贷款、春耕生产扶持贷款等项目中，在实现扶持农户生产经营目标的同时，也保证了资金、利润回笼的安全性。

2. 选准项目

选准有商业价值的项目，大胆投资，扩大营运资本。小额贷款业务定位在重点扶持有强烈发展愿望和前景（农村资金互助业务贷款额度满足不了），但又被城市大型国有商业银行和贷款公司拒之门外的、正处于发展创业初期、没有有效抵押物的农户、个体工商户和微小企业。以不高于同期银行基准利率4倍的标准，收取利息。服务流程上遵循商业银行的规范化、标准化管理机制。小额贷款业务的运作资金主要是通过股东追加投资的形式，扩大运营资本，赚取利息是其顺畅运行的基本条件。因此，在满足辖区内农户互助需求的基础上，掌政资金物流调剂中心量身定做了包括家庭贷款、土地流转贷款、设施农业经营权抵押贷款、种植和养殖大户短期流动资金周转贷款、个体经营者流动资金周转贷款等业务。

3. 打造平台

掌政资金物流调剂中心现有的客户资源和先进的信息平台，向客户提供资讯服务，帮助其开展业务。将客户在生产、种植、养殖、经营中遇到的各种问题，通过收集、汇总，针对不同情况进行协调联络、咨询和反馈，从而达到全程、全面服务的目的。具体开展包括农业信息咨询、农需物资、科技信息等服务。此项服务作为贷款后的后续服务不仅及时了解了客户贷款后的资金使用状况，还加深了客户和该中心的情感联系杜绝了客户有钱不还或故意拖延的情况，保障了掌政资金物流调剂中心资金的良性运营。

掌政资金物流调剂中心虽然是依靠群众的股本金运营，规模不大，但其三项子项目——农村资金互助业务、小额贷款业务、农村资金物流信息调剂业务的功能相互配合，整体功能协调，业务运行流畅。

（二）模式设计的特点

（1）在风险管理标准和机制方面，把商业运行机制、文化因子等引入模式设计。掌政资金物流调剂中心在评估客户信誉时，引入了风险管理和软硬兼顾的信誉评估模式。在信用评估方面，与商业银行根据征信报告对客户信用状况进行同一化的评价模式不同，掌政资金物流调剂中心根据当地贷款者自身的特征，引入了农民董事评价机制，实行更为人性化的信用评估，更适合农村的现状，更符合农民贷款者的自身特征的信用评估机制。目前，我国国有银行的贷款一般采用信用评估机制，而中国人民银行的征信范围目前还没有覆盖农村，依赖于征信报告的僵化标准对农户信用情况进行评估在我国农村并不适应或根本行不通。因此，掌政资金物流调剂中心采取的政策是软硬兼顾的评估机制，即在对农户进行征信考量时，不仅考查农民经济状况等"硬信息"，还深入邻里，通过访谈等形式了解"软信息"。第一，贷款者基本信息如基本的家庭情况与经营情况、资金需求等。第二，评价的经济因素如可变现财物情况、农户家庭收支情况等。第三，评价的非经济因素如以往的信用情况和个人品行等。摸清客户基本状况后，掌政资金物流调剂中心为服务区农户建立富有个性化的农户信息档案和信贷档案。这种针对个人的个性化档案与商业银行的个人信贷档案不同，它直指贷款人个体特殊性而

"量身打造",反映农户借款人的个性化特点,如性格、劳动状态、专业技能和创新意识等。通过这些档案内容获取对农户评价所需的最充分信息,这也是掌政资金物流调剂中心在信用评估方面的最具特色之处。

农民董事是通过对邻居、村民或村干部的访谈获得以上"软信息"。从我国目前农民与其身处其中的社会结构的关系来看,单个的个人、农户和其周围的社会群体还有根深蒂固的关系,当地的民风、习俗、传统对农民本身的个人行为和信念都有很深的影响,"借钱还债""滴水之恩当涌泉相报"的信念和乡俗约束着作为当地人的农户赖账的意念。通过访谈获得的第三方信息对从侧面评价农户的信用情况非常关键,而乡村文化的制约也确保了借款的安全性。注重文化氛围,情感投入也是其成功的要点之一。

(2)在贷款申请审查方面。掌政资金物流调剂中心的操作标准中有如下风险防范措施:第一,加强现场跟踪核查。对于抵押、质押贷款,必须由2名以上工作人员进行核对,会同抵押人到相关部门办理抵押品登记;对于保证担保贷款,必须由放款信贷员到担保人经营场所进行基本情况的实地核实。第二,建立工作日志和工作计划。第三,坚持日常复核。坚持信贷员、档案管理员、账务柜员交叉复核,同时加强审贷小组成员的培训。第四,严格执行"谁贷款、谁立据、谁取款、谁归还"的制度,坚持借款人本人亲自办理手续。第五,各类柜员实行轮换制。档案管理员、额度柜员、担保品柜员、账务柜员之间进行定期岗位轮换,岗位轮换时,要做好岗位交接。

(3)在惩戒机制方面,奖惩分明,信誉记录关联再次借贷的授信额度。在违约惩罚上:贷户每欠息一次,其授信额度减少10%;贷款逾期一次,授信额度减少20%;恶意逾期,授信额度减少50%;对连续欠息三次,贷款逾期两次者,在清收全部贷款本息后,取消其贷户社员资格;如农户贷款人出现不良记录,减少其担保人的授信额度,并且承担主贷人处罚的50%。在奖励上:连续一年无欠息和逾期记录的客户,授信递增10%;连续保持两年无欠息和逾期的贷户的优质客户,享受优惠贷款利率,在同期同档次贷款利率的基础上下浮10%;连续保持三年的贷户为黄金客户,在享受利率优惠的基础上,免费享受中心设置的信息平台网络,农业生产技术指导等服务,除此之外,掌政资金物流调剂中心还为其设计家庭理财计划,对其家中发生的婚丧嫁娶等提供上门服务。

通过以上严格、有效的风险管理,掌政资金物流调剂中心的各项业务顺利开展,所放贷款无逾期、无呆账、零风险,应收账款管理能力很强,保证了掌政资金物流调剂中心的稳健运行和不断发展,在盈利能力、偿债能力、营运能力及经营增长状况方面都得到了同行业的赞许。掌政模式为开展小额贷款公司试点工作、加强农村金融资金互助和资金物流信息调剂走出了一条新路径,是对国家引导和规范民间融资行为的积极尝试与探索。作为一种制度创新,掌政资金物流调剂中心对合理配置地方金融资源、缓解"三农"和中小企业发展面临的资金短缺问题做出了自己的贡献,同时为社区经济融资提供了必要的资金支持。它是小额贷款公司试点中的新生事物,其之所以能成功得益于其在探索中用于创造新模式,在创新中发展,这种新模式对推动我国微型金融新模式的不断创新与健康发展将会起到试点和示范作用。

掌政小型金融模式作为金融业务的拓展和"三农"服务的延伸,它的成功在于运用共享、双赢的理念,把市场机制的运营规律、人际交往的规律、人的心理规律和乡土文化氛围具体贷款对象的个性特点等因素融合到"三位一体"的立体营运模式中去,在实现"亲农帮农,惠民致富"服务宗旨的同时,拓展了自己的发展空间(图 5-4)。

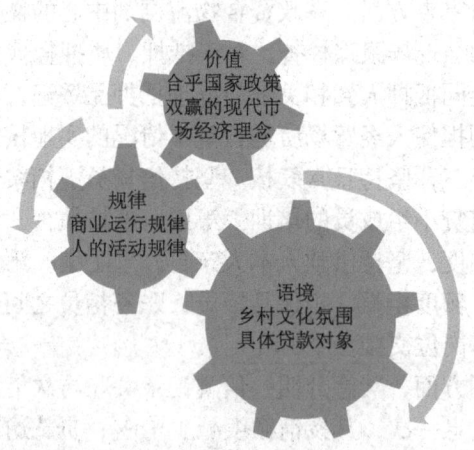

图 5-4　掌政小型金融模式设计理念图

第六章 社会工程研究坚持用学术讲问题

在信息化、网络化的时代,观念、知识传播的即时性、迅速性可说是史无前例的。一个国家、一个民族如果没有自觉的、内发性的思想体系和话语方式参与当代社会问题的对话,就会在精神领域、理论建构中失去话语权,就容易受别人思想的影响,用别人的理论范式审视自己的问题,从而处于被动、被评说的地位而无回应之力。黑格尔在《逻辑学》中讲:"一个有文化的民族竟没有形而上学——就像一座庙,其他各方面都装饰得富丽堂皇,却没有至圣的神那样。"[①]中国特色哲学社会科学就是中国学者用自己的学术话语研究中国人自己的事情。以社会工程的学理和方法研究改革发展的现实性问题,从学理和学术角度研究中国特色社会主义进程中出现的中国问题,总结改革开放以来的基本经验,建构反映中国经验的社会工程方法论,是构建中国话语、体现马克思主义中国化和学术化的重要切入点。[②]简言之,推进社会工程研究,用中国学者的学术话语研究中国问题是当代学者的应尽职责。

第一节 从社会工程方法看当前马克思主义理论研究

近年来,以问题为导向成为谈论、研究中国问题的重要切入点。以问题为导向的马克思主义理论研究,对从事马克思主义理论研究的学者来讲,就是要用中国学者的学术话语研究中国人的事情。对中国特色社会主义建设进程中经历过的、正在经历的、将要做的各种事情,以及对这些事情中出现的问题的反思与探索,是我们今天研究马克思主义理论的重中之重。

只有结合研究社会问题的方法进行探讨,才能在现实性上讨论开具疗治社会病处方的一般规律,才能讲清楚我们的现状、问题从何而来,以及我们的解决方

---

① 〔德〕黑格尔:《逻辑学》上,杨一之译,商务印书馆2014年版,第2页。
② 王宏波:《社会工程研究引论》,科学出版社2017年版,第63页。

案从哪里入手、怎么入手。学理研究首先要反思方法，就马克思主义理论研究的方法而言，以问题为导向的研究方法应该是怎样的方法、学科思考与问题导向存在哪些不契合的地方、理论智慧与实践智慧的区别是什么等。

一、要注重以现实问题为导向的模式研究方法

什么是社会主义？怎样建设社会主义？是马克思主义理论研究论域中，必须回答的两个问题。前者是本体论追问，追问的是对社会主义的认识；后者是建构论追问，追问的是中国特色社会主义建设怎么做的问题。因此，马克思主义理论研究在方法论上也要区分规律和模式、理论和决策等不同的层面。研究认识、规律，解决的"是什么"、旨在求真，社会科学各个学科研究的就是以不同社会领域中的规律为研究对象，是以探索该领域的真理性认识为指向；模式解决的是对策建构问题。模式是合规律、价值、情境的"三位一体"的对策架构，一般表现为对策的具体形式，包括政策、制度、规则、方式、方法等。模式的建构及其方法，应该成为以问题为导向的马克思主义理论研究的基本方法之一。第一，模式是规律的应用形式；第二，模式是检验真理的场域。无论是中国特色社会主义理论还是实践，我们探索的是在今天的中国，即如何建设社会主义的理论模式或实践模式。无论是理论模式还是实践模式，都是这一时代中的人在身处其中的社会活动中建构起来的，有成功、有失误、有挫折、有失败。对模式进行反思，我们可以从规律的向度追问对社会主义的认识是否正确，对各个领域规律的认识是否正确、对社会发展趋势的把握是否是真理，也可以从价值立场、价值排序去追问这个模式是由谁设计、为谁设计的，还可以从情境维度研判制约这个模式运行、起作用的边界条件。通过对整体中不同维度的反思，才能对具体条件下的社会主义建设中的方针政策、制度的合法性做出合理的解答，对存在的问题和弊端作出理性的反思，因此我们既不回避社会发展过程中某项政策、制度模式设计与运行中存在的问题，也不像历史虚无主义那样否定、抹杀它们曾经的地位和作用。

二、视跨学科和视域融通的研究方法

从不同的学科范式研究马克思主义理论是各学科历史沿革过程中形成的格局，这种格局沿用了单一学科如党史、党的建设、马克思主义哲学、政治经济学、科学社会主义、思想政治教育等学科的研究方式，这种研究方法在学科建设、学科研究规范化的进程中起到了积极的推动作用，但是在具体实践中，当面临具体的实际问题时，我们发现往往不是一个学科可以应对的。现代社会科学是有限视角，任何单一学科理论都不足以洞察社会事物的全貌，更不足以付诸对策。现代社会面临的复杂性境遇，决定了针对具体问题的解决方案绝不仅仅是一个学科、

一个领域的知识所能应对的。打通研究范式的边界，用跨学科、视域融通的方法研究发展中的中国社会，综合集成各个学科、各个领域的知识，才能把理论智慧转换成实践智慧，以应对复杂境遇中的社会问题。而从实践角度讲，以问题为导向的对策探索就必须整合各个学科、各个领域的知识，把理论智慧转换为实践智慧。马克思主义理论研究也应该是这样的方法。

三、对马克思主义理论整体性研究方法的思考

从理论方面讲，马克思主义理论三大组成部分的划分是理论宣传进程中形成的，今天进行马克思主义理论研究应认识其形成的渊源，正确对待三大块的理论成果。自从1913年列宁的《马克思主义的三个来源和三个组成部分》一文发表之后的岁月里，在苏联版本及其影响下的几乎所有的马克思主义教科书都把马克思主义理论内容概括为三个组成部分，即哲学、政治经济学和科学社会主义。例如，在我国学术界影响较大的是艾思奇主编的《辩证唯物主义和历史唯物主义》，开宗明义地指出：在马克思主义的完整的学说中，包括三个组成部分：哲学、政治经济学、科学社会主义。①马克思主义作为一个完整的科学体系，后来被划分为三个组成部分，采取了三个部分的论述，可以追溯到恩格斯的《反杜林论》。《反杜林论》是19世纪70年代恩格斯受马克思委托完成的、与德国小资产阶级社会主义者杜林进行论战的一部著作，这本书和《资本论》一同被称为马克思主义百科全书式的著作。在梁赞若夫首创的《马克思恩格斯全集》历史考证第一版（MEGA1）书目中，"1935年为纪念恩格斯逝世40周年，特别将《反杜林论》与《自然辩证法》合为一卷出版"②。这是从文本根据角度理解马克思哲学的一本重要著作。正如恩格斯在《反杜林论》第二版序言中说："消极的批判成了积极的批判；论战转变成对马克思和我所主张的辩证方法和共产主义世界观的比较连贯的阐述。"③1919年卢卡奇在《什么是正统马克思主义》一文中讲的，恩格斯在《反杜林论》中的论述对于后来理论的作用具有决定性的影响。④这本书不仅对三个组成部分做了整体的综合研究和论述，而且从理论形式上、逻辑构架上予以明显地表示出来，以更有力地击溃杜林向马克思进攻的三路论证大军⑤。因此，《反杜林论》被视作马克思主义百科全书式的著作。2005年，马克思主义一级学科成立，从整体的视角研究马克思主义理论就必须整合马克思主义哲学、政治经济学和科学社

---

① 艾思奇主编：《辩证唯物主义和历史唯物主义》，人民出版社1978年版，第1页。
② 王东：《马克思学新奠基：马克思哲学新解读的方法论导言》，北京大学出版社2006年版，第270页。
③ 《马克思恩格斯文集》第9卷，人民出版社2009年版，第347页。
④ 〔匈〕捷尔吉·卢卡奇：《卢卡奇文选》，李鹏程译，人民出版社2008年版，第3页。
⑤ 朱传启：《对"百科全书式"的科学巨著〈反杜林论〉的新研究：评〈反杜林论〉研究》，《武汉大学学报》1996年第3期，第124页。

会主义等学科研究人员的研究力量。

今天的马克思主义理论研究绝不仅仅是对中国特色社会主义实践和理论做马克思主义的论证；也不是在预设马克思主义理论框架的前提下，检索今天的实践和理论的思想脉络或理论渊源，而是马克思主义理论的本土化叙述，是马克思主义理论在中国特色社会主义建设进程中的"接着说"。在改革开放以来新的历史起点上，研究马克思主义理论，就是坚持马克思主义的立场、观点、方法，以中国学者的学术立场和现实关怀，自觉地参与到马克思主义理论的当代形式的探寻中。第一，理论上，致力于如何将马克思主义的立场、观点、方法外显于中国特色社会主义道路、政策、制度模式的建构中，探索其模式建构的一般方法；第二，实践中，探索中国特色社会主义道路、政策、制度模式的现实化路径。这就是马克思主义理论研究必须直面的问题。

第二节 从社会工程视域看我国制造业工程演化及其新模式[①]

从工程演化的哲学视角看，我国制造业工程的演化趋势将由生产型制造工程向服务型制造工程转化，这种演化趋势具有重要的经济社会意义、工程创新意义和文化创新意义。当前，加快我国制造业工程的演化进程，企业需要在工程理念的更新、价值导向的定位和外部环境的优化等方面探索适合自身发展的制造业工程模式。

制造业是我国国民经济中的一个重要行业（产业），也是包括机械、装备、能源动力设备、船舶、仪器仪表等方面的标准化、可重复运作的设计、生产、制造、运行、管理的复杂工程活动（系统）。制造业作为一种产业形式，有它自己的复杂结构和演进特点。我国制造业经过几十年尤其是改革开放以来的发展，形成了完整的产业链条，但也由于长期徘徊于低端制造而堆积了过剩的产能，正处在产业转型的关键阶段。为了进一步明确制造业转型的方向、方式及其特点，有必要从制造业的演进过程及其规律性特点的角度加以研究，这对探索新的制造业发展模式、推动制造业转型科学发展来说是非常必要的。

一、我国制造业的演化趋势

随着社会需求结构的变化，牵引并拉动传统制造业由生产制造型向服务制造型发展演变。从人们生活需求本身变化的角度来说，随着我国社会由温饱型向小

[①] 本节选自周永红、王宏波：《论我国制造业工程的演化趋势及其新模式》，《自然辩证法研究》2014 年第 2 期，第 47—52 页（本书收录中略有改动）。

康型转变和进入全面建设小康社会新时期的到来，人们的生活质量大幅提高，社会需求发生着前所未有的大变化——"生存性"需求逐渐让位于"发展性"需求，人们的需求内容更多样化、需求状况呈现多变性、需求层次高级化、需求标准的个性化，相应地，满足"发展性"需求的条件也较以往更加复杂和智能化。这种社会需求的"四化"特点要求提供各种生产产品的制造业既要多样化、智能化、快捷化，又不能同质化、简单化、静态化。这就使传统制造业工程仅以终端产品一次性满足用户需求的生产制造工程模式滞后于现实需求，而面临巨大挑战和矛盾。工程综合集成思维方式为产业创新预示了新的突破口——把服务的理念和信息投放到生产的起点（而非终点）并贯穿于生产制造的全过程，使服务与制造联系起来，用服务引导和影响整个生产制造过程，为客户提供全程和产品生命周期的网络化服务，构建服务、制造的链状或网络式工程结构模式，即服务网络和制造网络的全面融合，探索出了一条全新的出路。从经济发展的趋势来看，伴随着电子信息、现代交通技术飞速发展条件下经济贸易呈现的新特点，在买方市场占主导的大趋势下，在全球范围内，旨在迎合人们需求多层次、多样性变化的服务型经济正逐渐兴起，孕育着产业结构的深刻变革。服务正成为企业和行业竞争的重要领域和价值增值的新途径与新的经济生长点，制造业和服务业的互融也已成为经济实体实现产业升级的主线。目前，欧美等发达国家率先完成了从工业经济向服务经济的转型，实现了经济发展方式的"软化"并取得了较好效益。从发展趋势上说，我国社会需求的牵引和推动，也将推动我国的制造业由生产型制造向服务型制造发展转型，这已经成为一种客观趋势和迫切要求。

制造业转型是转变经济发展方式的重要内容。国家经济发展战略的主线是加快转变经济发展方式，以提高质量和效益作为推动发展的立足点，激发市场主体发展新活力，增强创新驱动发展新动力的经济增长新模式。它要求在现代产业发展新体系构建上着力培育开放性经济发展新优势，使经济发展更多依靠现代服务业和战略性新兴产业带动，更多依靠科技进步、劳动者素质提高、管理创新驱动、节约资源和循环经济推动，以增长长期发展后劲。[①]服务型制造工程体现了这种新战略的发展方向。通过发展服务型制造工程更灵活地应对社会需求的变化，用服务刺激人们的潜在需求，以先进的管理、优质的服务满足客户更深层、更全面、更个性化的需求，这种柔性制造将会为传统制造业拓展新的生存空间。

服务型制造工程适应了化解工程制造低端发展与自然生态脆弱的矛盾、推动生态文明建设的需求。长期以来，我国制造业工程的增长靠的是增加投资、扩大土地占用面积、增加劳动投入以促增产的粗放式外延型模式，这种增长模式是以

[①] 胡锦涛：《坚定不移沿着中国特色社会主义道路前进 为全面建成小康社会而奋斗》，人民出版社 2012 年版，第 20 页。

物质资源的高投入和生态环境的重污染与破坏为代价的。目前，我国可耕地被侵蚀，各种资源的人均占有量急剧缩减，劳动力短缺现象日益凸显，环境污染事件此起彼伏，制造业工程传统模式的弊端已暴露无遗：粗放、资源消耗型制造业工程造就的制造业工程是大而不强、产业规模不大、层次不高，这种顽疾累积引发的直接后果就是产业产能过剩；产业缺乏强大的产业链体系、产业分工体系不发达、重复生产，产业抗风险能力较差；产业自主创新能力低、产品附加值低，创新产品稀缺，低端产品恶性竞争引发的鱼龙混杂的商品市场镜像使低端制造成为我国制造业另一标签。要打破我国资源与环境的瓶颈，解决工程与自然的冲突，推动制造业工程向集约化、资源节约型和环境友好型的内涵式发展方向转化是我们无法回避的抉择。在这种背景下，紧紧抓住经济发展方式转变的契机，融合制造业与服务业的优势和功能，促使制造企业到服务中延伸传统制造产业链，服务业将服务的关注点覆盖到制造的起点和全程，双方都从创造价值中挖掘潜力、延展各自业务、扩大市场份额。通过新的制造工程模式实现制造业人力、材料、能源、信息等资源优化配置和科学利用，促使企业更多地依靠人的智力和服务实现价值，依靠价值创造，而不是单纯消耗资源，因而可降低制造业对资源及能源的耗损，减少污染，转变其高成本、高能耗、高物耗及低附加值的增长模式，推动制造业实现资源整合、走出传统制造对资源的单纯依赖和耗损的旧模式，走向集约、节能的环境友好型内涵式发展道路。这将成为传统制造业工程解决自然与工程矛盾、实现增长模式转变的一种新探索。

服务性制造工程的兴起开辟了工程创新的新领域。服务型制造工程体现了制造业与服务业的深度融合。一方面，制造业企业、部门通过改良、创新与服务业融合，推动制造业向服务领域渗透，呈现出制造业服务化的趋势；另一方面，服务业也渗入工业领域，在制造业形成了服务型制造工程，透显服务业工业化的势头。这种新型制造工程是以客户为中心，以关联企业综合发展为目标，制造与服务相融合的创新形态，是制造业经营过程中的一种新的制造工程模式。[①]它既是制造业与服务业相互融合的新产业形态，也是一种高价值的现代产业体系。服务型制造业旨在实现面向顾客效用的整个价值链中各利益相关者的价值增值，通过产品和服务的融合、客户全程全方位参与，制造企业相互提供工艺流程级的制造流程服务，服务企业为制造企业提供业务流程级的生产性服务，实现分散化的制造与服务资源的集成整合，实现不同类型企业核心竞争力高度协同，从而实现产品服务系统的高效创新，联手为顾客提供产品服务系统，通过全周期服务和全面需求满足，最大限度地实现企业价值和顾客价值。服务型制造工程具有资源整合、

---

① 程东全、顾锋、耿勇：《服务型制造中的价值链体系构造及运行机制研究》，《管理世界》2011年第12期，第180—181页。

延伸产业价值链、协同创新、减低能耗、环保等特点，是制造业实现增长模式转变和升级的重要途径之一，也是服务业实现市场扩展，促进产业结构升级的重要途径，更是服务与制造两大产业优势互补、深度融合、综合创新、实现双赢的工程模式。由于交叉融合与集成创新是工程演化的重要路径，所以在当前产业融合成为经济发展趋势的背景下，实现由传统生产型制造业工程向服务型制造业工程的转变，将成为我国制造业工程未来发展的方向。

二、生产型制造工程向服务型制造工程演化的重要意义

（一）生产型制造工程向服务型制造工程转变将推动我国工程制造演进发展的高级化进程

回顾制造业工程演化的进程，从机械化、自动化时代的单一制造模式到信息化时代的集成创新的服务性制造模式体现了复杂性社会情境下制造工程演化的高级化的特点和历史脉络。生态文明、社会需求的复杂性促使制造业立足于人的需求、关爱自然生态、提升产业竞争力、努力探索新模式。发展服务型制造工程实现生产型制造向服务型制造工程的转化，对促进国民经济发展方式转变、提升制造业产业竞争力、提高企业创造力具有重要意义。制造业发展方式的转变，是实现经济增长方式转变和推进传统产业改造升级的根本手段，是科技成果转化为生产力的桥梁和通道。这种服务型制造工程将以往只向顾客提供一次性产品的服务转变为向其提供产品生命周期的全程动态服务，即向顾客提供覆盖产品调研、研发、制造、分销、部署、实施、售后和相关延伸服务，诸如回收和升级等一体化解决方案，甚至包括某种产品或功能服务体系。例如，服务型医疗设备制造工程，向客户提供健康维护体系服务系统；电子产品可以向顾客提供多种实用的软件及跟踪顾客需求、消费习惯、个人特点适时提供各种咨询、建议等。这种延长了的供给不断创造出新的需求，如产品承载的功能多样性及升级服务系统的持续性、系列配套产品、品牌赋予消费者的心理需求的满足等。它通过产业间的相互渗透扩大市场边界，如通过产业分工细化和深化的纽带，服务业与制造业相互延伸和融合，拓展市场空间。这种制造模式大大突破了传统的"制造"理念，具有突出的经济社会价值。它不仅能促进产业价值链延伸、产业规模扩大、效益与层次提升，还引导企业自觉融入全球产业链、追赶和引领国际产业变迁的大趋势，努力提升现代服务业内在素质和拓展市场空间，推动我国由制造业大国向制造业强国、由中国制造向中国创造转变。

(二)生产型制造工程向服务型制造工程演化将推动工程经济系统的系统创新

推动生产型制造工程向服务型制造工程演化有助于实现工程模式的系统创新，推动工程进步。传统制造业工程是由若干相互联系的具体模式组成的生产模

式体系，它本质上是一种线性结构模式。服务型制造业工程实现的工程模式的创新是建构出一套崭新的工程模式系统，在服务网络和制造网络深度融合与耦合互动的结构基础上设计出一种链状或网络状的结构模式，从而使制造与服务两个产业在产品模式、生产模式、商业模式、价值创造模式、组织模式、运营模式及实施模式上发生了深刻的变革，进而引发一系列工程经济系统的系统创新。

（1）在产品模式上，制造业发展成服务型制造工程，将从传统的为顾客提供单一产品的模式，转为向其提供集成了以产品与服务一体化解决方案为核心的产品服务系统。产品服务系统从制造企业延伸到服务企业，通过两类企业功能的交叉和融合，发展产品服务系统，提供给顾客一体化的服务解决方案。服务型制造企业通过发展产品服务系统，将拓展传统制造业和服务业的产业链条，促成与客户的多次交易，延伸企业获利的时空维度，使企业以低成本、高效率、低污染、低消耗的方式拓展业务。同时，推动企业挖掘服务过程的技术含量，促进服务增值，提升服务价值创造的水平。

（2）在生产模式上，服务型制造工程通过深化和细化产业链分工，使制造企业和服务企业进行深度合作，实现基于工艺流程和服务流程级别的深度合作，对外体现为一体化的、无缝衔接的服务型制造网络。服务型制造工程通过强化其具备核心竞争力的制造或服务业务，将不具备核心竞争力的业务环节，外包给专业化的生产过程或服务过程企业，这种扬长避短的生产战略有助于产业链中的各企业结成更加稳固的合作伙伴关系，促进整个产业链的协同共进，推动以服务型制造网络为代表的企业集群的产生和成长。

（3）在商业模式上，制造业发展服务型制造，从传统的向顾客提供物理产品及一次性交易兑现利润的方式，升级为向顾客提供集产品和服务于一身的产品服务系统并多次交易叠加获利。这种商业模式使制造企业更多依靠的是"软性"的、基于知识的服务获取利润、实现企业价值。服务企业通过发展服务型制造，为专业的制造企业提供一系列专业化服务，并使之融入制造产业链条，扩展产业发展空间，在高技术含量的服务过程中拓展企业价值增长空间和延伸获利能力。

（4）在价值创造模式上，传统制造业把顾客被置于制造过程之外，顾客只被动地接受企业所提供的产品的价值创造模式；在服务型制造工程模式下，顾客成为产品服务系统的合作生产者。制造企业和服务企业紧密地分工与协作，主动发掘和识别顾客需求，实施需求管理，将顾客引入产品服务系统的创新及生产、消费、体验过程中，通过价值发现、价值管理和价值创新，追踪顾客的个性化需求，实现企业价值的增长。

（5）在组织模式上，制造企业发展服务型制造，通过专业化从事服务的生产性服务企业，以及专业化从事服务生产的制造厂商，联手结成基于工艺流程级别的深度合作，自愿形成服务型制造网络，使每个企业都成为服务型制造网络上的一个价值模块,在业务的高度协同中,实现价值的联合创造和产品服务系统的协作创新。

(6)在运营模式上,服务型制造工程改变了传统制造企业原先的"大而全""小而全"的运营模式,聚焦于核心能力的专业化模式——将自身非优势的制造及服务环节,外包给专业化的生产性服务商、服务性生产商去完成,实现自身从传统的劳动密集型服务向技术密集型、知识密集型服务升级,制造、服务两类企业相互提供工艺流程、业务流程级别的服务,形成协同共进、耦合互动、一体化运作的服务型制造工程运作模式。

(7)在实施模式上,服务型制造工程的实施有助于制造企业培育面向服务型制造的需求管理、价值管理、企业网络、信息管理,以及风险管理体系,企业内部将形成基于需求链、服务链、供应链,以及知识链的高度协同体系,进行资源整合、信息共享、供应链整合、顾客整合和供应商整合,以及生产性服务商整合。这种工程模式会有效整合分属于不同区域、不同实体、不同状态的资源,实现资源的集中调配、使用和效率最大化。大企业集团带动型的服务型制造网络和以"专、精、新、特"为代表的中小企业集群的形成,有助于制造业的集群化发展,将会降低企业运行成本,促进企业节能减排、绿色生产,促进资源集成,实现制造、服务企业及顾客的合作共赢,共同营造一个良性循环的经济生态系统。

(三)生产型制造工程向服务型制造工程演化会推动企业文化观念的创新

从文化观念创新来说,从生产型制造工程向服务型制造工程的演化实现了工程管理理念从单赢思维向共赢思维的转变,以及工程创新理念从技术创新理念到创值理念的转变,这标志着企业文化理念的跃迁。

传统的生产型制造工程是以企业自我盈利最大化为目标的单赢思维,而服务型制造工程是以客户需求满足、客户价值和企业价值的共同实现为目标的共赢思维,这是更符合现代社会发展的一种开放性思维方式。传统生产型制造工程的核心是创新,专注于通过产品(制造)的创新,单方面地、静态地、一次性地满足顾客的需求,实现企业盈利和价值增值的一步到位;服务型制造工程的核心是创值,即创造价值,它以客户需求为导向,关注客户的参与体验,主动把客户纳入生产制造过程,使其成为生产制造者或合作生产者,通过主动地、不断地激发客户的需求,培养、挖掘、拉动、创造等工程实践,优化整合各种资源,实施包括价值发现、价值管理和价值创新在内的价值创造,创造更大的价值空间,实现企业和顾客价值的共赢。生产型制造工程向服务型制造工程的演化,还实现了从"制造"工程理念向"创值"的工程理念的转变。[①]创造价值是现代产业创新的灵魂。

[①] 李杰:《从创新到创值》,《文汇报》2011年8月2日,第12版。

制造虽是有限的，但创造价值却是无限的，所以它实现了工程理念和思维的巨大突破，将使制造工程成为充满活力和柔性的动态智能化系统工程，更好地应对瞬息万变的市场需求和外部环境，具有重要的工程及产业创新意义。在服务型制造工程模式下，制造工程的着眼点不再只关注终端产品，而是着眼整个产品生命周期的跟踪服务，在价值创造过程中延伸企业的价值链、产业链，提升企业自身竞争力。从价值链的角度看，影响企业市场竞争力的因素包括两方面：一是该企业直接生产或参与生产的最终产品的价值链长度；二是该企业在价值链中所处的位置，这是企业市场竞争力最密切和最直接的影响因素。在现代市场经济竞争环境下，制造业要想在价值链中占据优势地位，不仅依赖于有形产品的生产，更需要关注无形服务的开发，通过创新服务，开拓并创造新的价值空间，延伸其产业链、价值链和服务链。[①]这种工程理念的转变，将会极大地促进我国制造业工程的思维变革与创新，它会促使制造业工程的主体不再仅仅关注创新（产品及技术创新等），而是更多地关注价值创造。引导企业放眼全球市场，面向未来，以需求为导向，以价值创新和创造为引领，不断挖掘、开拓和创造新的更大的价值空间，从而推动制造业工程的进一步发展和完善。

三、撬动我国制造业工程转型的支点

当前，我国正在调整产业结构，经济发展面临发展方式的转型，要实现从中国制造向中国创造的战略转变，就要着力于推动我国整体产业结构的升级、跨界、调整和重组，探索新的产业发展模式。通过产业工程模式的创新使我国制造业工程由资本拉动型发展向以创造价值为核心的智能驱动、价值拓展的服务型方向发展，推动我国制造业产业规模的扩大和产业层次的提升，为此要在多种价值分歧与冲突的协调整合、重塑服务型制造业工程理念、优化产业发展的外部环境等方面积极探索适合自身发展的服务型制造工程模式。

（一）发挥国家政策引导功能促进服务型制造业发展

发展服务型制造业需要国家相关政策的引导。国家的产业政策规定着我国制造业未来产业结构调整鼓励、限制、淘汰的准进门槛、标准和基本类型，体现着国家整体产业结构、布局的整体设计，对具体的企业制造模式有导向作用；金融政策直接从资金筹措、运筹方面运用更为微观的手段调整产业结构的布局；市场机制从供求关系矫正过剩、陈旧产业的生产冲动；生态法规限制、规定、约束着污染性、耗资源的传统制造业的规模扩张；社会舆论的监督将理性批判的视角触及

---

① 杨春立、于明：《生产性服务与制造业价值链变化的分析》，《计算机集成制造系统》2008 年第 1 期，第 153—159 页。

各个角落，使企业生产不再仅仅以提供的产品占领市场，还要考虑以信誉、声誉、品牌、社会责任等更为软性的因子谋求市场生存之道。发挥国家政策的引导功能，辅之以相关的法规、政策和社会舆论的监督，扶持服务型制造业的健康发展。

（二）树立并建构新的工程制造理念是推动生产型制造向服务型制造工程转型的观念前提

怎样生产、靠什么立足于市场是由制造企业生产理念决定的。制造企业的生产理念是多重价值分歧、博弈和整合的结果。以单赢、技术创新理念为导向的制造是工业化早期依靠资源优势、抢占技术制高点，以实物商品兑换价值的价值主张和实现方式占主导的理念在生产模式中的映现；随着工业化的深入，人们开始反思现代性的弊端，发现一时一事的交易实现，使企业价值的获得缺乏持续性。产业政策的方向、公众的认同、社会责任的担当、品牌形象的树立等都会拓展价值链的宽度和长度，由此，要做有社会责任的企业，就要在服务中、在联合中创造价值实现企业、社会、公众利益等共赢理念催发了制造价值的服务型生产模式。价值的分歧和整合推动着工程理念的探索与创新。

对每一个制造企业的发展来说，要协调长期、眼前、大局、自身客户等多种价值主体、价值立场的诉求，结合企业生产的具体实际定位自己的制造理念。

在多重价值交织、权衡的情境下，企业要定位自身发展的立足点，寻找自身在产业链中的特殊产品及服务类型和品牌定位。因此，发展服务型制造工程，就必须重塑制造业工程理念，处理好多种工程理念的融合与优化。让服务型制造工程理念引导企业设计工程建构模式探索，这关乎对产业发展规律的把握、自身产业立足的价值基点和实现服务性生产的现实条件。因此，集成创新、更新传统制造理念的关键是践行创造价值的服务型制造理念，要综合权衡关乎生产什么、为谁生产、怎样生产，一系列工程参与要素关系的协同与平衡。要协调好"技术创新"与"创造价值"的关系、生产和服务的关系、分工与合作的关系、舍与得的关系并把这种综合集成的思维作为工程的核心理念贯穿到制造业内部产业结构调整的全过程，以此为核心去构建制造业的工程模式。换言之，把创造价值的理念外化到产业模式探索中去。把脉产业发展趋势规律、遵循顾客需求规律、探索价值创造规律，并落实到以人性化服务为核心的制造工程产业模式中，推动制造业工程的不断发展。

（三）搭建信息化驱动平台优化行业发展的外部环境

服务型制造工程的发展是基于信息化网络基础上的新型制造业模式，这种模式的有效运行是以速达、快捷信息化网络平台为保障的。这种模式要实现企业与企业、企业与客户的互动和沟通、有形产品与无形服务的融合，以及系统化、全方位的网络服务，实现大规模定制、多品种、小批量生产、柔性制造与网络协同等需要畅通的信息平台。在当今信息化水平下，尤其要加强制造业信息技术集成应用与系统整合，大力提高制造业管理的信息化水平。加快我国制造业转型升级，推动生产型制造向服务型制造的工程演化，搭建畅通、高效①的信息化平台，改造提升制造业的信息技术设备和工艺流程，推动服务型制造模式的智能化和网络化发展。

总之，把握制造工程演化的趋势与规律，顺应我国产业结构调整的方向，积极探索加快我国制造业工程向服务型制造业工程转变的具体模式，将会拉动和带动我国国民经济整体水平的发展，提升整体竞争力，加快实现由制造大国向创造大国的转变。

第三节　从社会工程思维看"四个全面"战略布局②

党的十八大以来，以习近平同志为核心的党中央相继提出治国理政的"四个全面"新方略，形成了由一个战略目标和三大战略举措构成的协调推进的战略新布局。在"四个全面"理论框架体系下，全面建成小康社会无疑是新时期党和国家各项工作的总目标。全面推进依法治国与全面深化改革，是为实现这一总目标而设立的两大支柱，全面从严治党则是推动以上各项工作顺利开展、各项目标顺利实现的根本保证。

一、"四个全面"战略布局

"四个全面"集中体现了以习近平同志为核心的党中央治国理政的战略布局。这一战略布局，着眼于当前我国社会发展的现实需要，回应人民群众的热切期待。在"四个全面"战略布局中，全面建成小康社会是处于引领地位的战略目标，是实现中华民族伟大复兴中国梦的关键一步。全面建成小康社会是基本目标，重点是"全面"建设，所以补短板、理关系、调结构、惠民生、重公平就是"全面"建设的着力点。这个着力点的确定是我党站在改革开放以来新的历史起点上，面对新的社会问题，确定的新的深化改革的着力抓手。具体而言，全面深化改革的推动方式要转变，要在"全面"和"深化"上下工夫，由过去的"生产力发展推动型"转变为"上层建筑改革引导型"。这一推动方式的转变是我党对改革开放及其过程所遭遇和必须解决的问题的现实回应；深化改革的目标要进一步推进，要实行以推进国家治理体系和治理能力现代化为新目标的改革，不再是单纯依靠基层推动、上层适应的改革，而是顶层设计、系统谋划优先的改革。这一转变是基于改革开放多年来经验探索的目标调整；治国理政明确确立全面依法治国，依宪治国，依法行政的

---

① 林建宗：《服务型制造及其信息化基本框架的构建》，《厦门理工学院学报》2010年第2期，第42页。
② 周永红：《"四个全面"体现中国特色社会主义理论新境界》，《中国社会科学报（理论版）》，2015年3月12日。本书收录略有改动。

要求。改革深入哪里，法治就跟进到哪里，形成讲规则、重秩序的社会环境，构建法治国家与法治社会；党的建设重在全面从严治党，以党风带政风，政风带民风，从国家生活到家庭生活，从社会生活到政治生活，建设风清、气正、人和的新生活。

习近平同志说："人民对美好生活的向往，就是我们的奋斗目标"①，从"解决温饱"到"小康水平"，从"总体小康"到"全面小康"，从"全面建设"到"全面建成"，小康社会奋斗目标的提出、发展和完善，是几代中国共产党人接力探索的过程。全面小康是全覆盖的小康，是经济持续增长、消除两极分化、缩小收入差距、奔向共同富裕的小康；是干部清廉、政府清廉、政治清明、社会公正的小康。我们要在经济方面更加发展，政治方面更加文明进步，文化方面更加丰富繁荣，社会方面更加和谐友善，生态方面更加绿色友好。全面建成小康社会是法治国家、法治社会的成果，是治理体系和治理能力现代化的国家治理的实现，是中国特色社会主义制度的不断完善，是中国模式的不断发展成熟。

二、"四个全面"协调推进开启了中国共产党治国理政的新模式

"四个全面"的协调推进，开启了中国共产党治国理政的新模式，体现了中国特色社会主义理论发展的新境界。党的十八大提出的全面建成小康社会的奋斗目标，确立了新时期党和国家各项工作的总目标。围绕这个总目标跟进了三大战略举措：即全面推进依法治国、全面深化改革、全面从严治党。以习近平同志为核心的党中央提出："全面建成小康社会、实现中华民族伟大复兴的中国梦，全面深化改革、完善和发展中国特色社会主义制度，提高党的执政能力和执政水平，都必须全面推进依法治国"②，2015年2月2日在省部级主要领导干部学习贯彻十八届四中全会精神全面推进依法治国专题研讨班上强调"做好全面依法治国各项工作意义十分重大。没有全面依法治国，我们就治不好国、理不好政，我们的战略布局就会落空。要把全面依法治国放在'四个全面'的战略布局中来把握，深刻认识全面依法治国同其他三个'全面'的关系，努力做到'四个全面'相辅相成、相互促进、相得益彰"③。在党的十九大报告中更是强调"全面依法治国是中国特色社会主义的本质要求和重要保障。必须把党的领导贯彻落实到依法治国全过程和各方面"④。该报告明确定位了全面依法治国在实现总目标中的基础地位。从严治党抓住执政党在领导中国特色社会主义建设中主体作用的生成性特点，抓住了现阶段党的建设的着力点。现代社会的国家与社会治理是多元主体共同参与

---

① 中共中央文献研究室编：《十八大以来重要文献选编》上，中共中央文献出版社2018年版，第70页。
② 中共中央文献研究室编：《十八大以来重要文献选编》中，中共中央文献出版社2018年版，第155页。
③ 习近平：《习近平谈治国理政》第2卷，外文出版社2017年版，第24页。
④ 《党的十九大报告辅导读本》编写组：《党的十九大报告辅导读本》，人民出版社2017年版，第22页。

管理公众事务的活动与过程。国家与社会秩序的维护和传承无可避免地正在逐渐超越管理的传统的范畴。社会主义市场经济进程中成长起来的各类社会主体合作管理社会公共事务的活动与过程，已然构成中国社会治理模式的实践基础。在国家层面，由政府主导的多元主体参与趋势也在东西方社会发展的过程中都趋势渐显。治理理念与实践的兴起也正是源于市场经济条件下政府与社会关系的变迁。在以物的依赖关系为主、以人的独立个性为标志的社会发展阶段，各类主体的成长引发需求的异质化，导致全能型政府功能实现的乏力等现状倒逼政府让渡部分管理职能给社会、集结各方力量维护社会共同利益最大化。以上境遇对党的执政能力和执政水平提出了更高的要求。从严治党把党的自身建设纳入治国理政实践过程中，抓住了时代的发展对新时期党建工作当下及未来发展的要求关节点，是我党治国理政战略布局中重要的一环。

综上所述，"四个全面"协调推进为马克思主义理论的新发展提供了新的实践基础。在当代中国马克思主义理论新发展的内容指向就是治国理政的新模式，探索用怎样的治国理政模式才能彰显马克思主义与时俱进的理论品质，用怎样的具体制度、政策模式体现马克思主义理论改变世界的现实关怀。所以，研究马克思主义理论的发展一定要紧紧抓住治国理政这个新实际，总结中国经验，发展马克思主义话语体系，推动马克思主义中国化的新发展，为马克思主义理论增加社会治理与国家治理的新篇章。

三、"四个全面"协调推进是治国理政的新常态

"四个全面"协调推进是治国理政的新常态，它要求与其相适应的思维方式具有总体性思维和综合集成的特点。习近平同志强调："党要团结带领人民协调推进全面建成小康社会、全面深化改革、全面依法治国、全面从严治党，实现'两个一百年'奋斗目标、实现中华民族伟大复兴的中国梦，必须不断接受马克思主义哲学智慧的滋养，更加自觉地坚持和运用辩证唯物主义世界观和方法论，……增强辩证思维、战略思维能力，把各项工作做得更好。"[①]"'四个全面'是面对唯物辩证法的自觉运用，是面对错综复杂的矛盾和千丝万缕的利益关系作出的十分慎重的战略思考和最为有利的战略抉择。它是系统工程，是有机联系的统一整体，由一个战略目标和三大战略举措构成，强调四个方面相辅相成、相互促进、相得益彰，强调每个全面的系统性、整体性、协同性。"[②]为此，首先是要坚持和运用

---

① 《习近平关于协调推进"四个全面"战略布局论述摘编》编写组：《习近平关于协调推进"四个全面"战略布局论述摘编》，人民出版社 2015 年版，第 159 页。

② 《习近平关于协调推进"四个全面"战略布局论述摘编》编写组：《习近平关于协调推进"四个全面"战略布局论述摘编》，人民出版社 2015 年版，第 151 页。

总体性思维，把系统思维和辩证思维密切结合起来。总体性思维，既要求从系统总体出发，重视顶层设计和系统设计，也要求研究系统内外的辩证矛盾，是系统思维与辩证思维的综合运用。系统思维着眼于系统联系，要充分考虑各项改革措施之间的关联性、耦合性，努力做到眼前和长远相统筹，全局和局部相配套，渐进和突破相衔接，立足全局，选准突破口。辩证思维着眼于事物的矛盾关系，揭示事物矛盾的辩证关联与有条件转化。例如，既要注重顶层设计，也要尊重群众的首创精神，总结基层经验；既要分好"蛋糕"，也要做大"蛋糕"；既要讲"市场的决定作用"，也要讲"更好发挥政府作用"；等等。然而，系统中也有矛盾，进行系统思考时要运用辩证思维；同时，矛盾也具有系统性质，进行辩证分析时要研究系统效应。所以，把系统思维和辩证思维有机地结合起来是协调推进"四个全面"的方法论要求，我们应当在实践中自觉运用。其次，适应和推进"四个全面"的新常态还要坚持和运用实践思维的综合集成方式。实践思维不同于理论思维，也不同于学科研究思维，它是一种社会工程思维，这种思维是在复杂性社会发展境遇中探索合理有效的社会建设模式的建构性思维。具体而言，需要考虑各种规律的集合、各种价值准则的集合、实际情境的结构特点，以及这三者之间的相互作用。实践模式一定是综合集成的产物。这个综合集成的产物是不可能用某一个理论命题去解释的，也不能用单一的价值准则去衡量。"四个全面"协调推进的新常态要求综合集成的思维方式。综合就意味着一定程度的取舍，集成就意味着不同元素之间存在着相互补充和支持的潜在需求。所以，自觉的取舍与积极的合作是建设性实践思维的基本特征。习近平强调找到"全社会意愿和要求的最大公约数"[①]，正是实践思维的综合集成方式的体现。

第四节 从社会工程视域看依法治国必须直面的几个问题

习近平同志讲到全面深化改革及全面推进依法治国时，都用了"是一个系统工程"[②]这样一种表述。之所以把当前的全面深化改革与全面推进依法治国称为一个系统工程，是因为在当代中国社会发展的复杂性境遇中，任何以社会问题为指向的对策、策略的寻求，都是一个关乎多领域、多层面的社会变革的探索，这种探索是实践思维指导下的具体的制度模式建构活动。在社会巨系统的错综复杂的交互关系中，寻求国家、社会治理的对策必须要有系统工程的理念。就依法

[①] 《习近平关于协调推进"四个全面"战略布局论述摘编》编写组：《习近平关于协调推进"四个全面"战略布局论述摘编》，人民出版社2015年版，第73页。

[②] 《习近平关于协调推进"四个全面"战略布局论述摘编》编写组：《习近平关于协调推进"四个全面"战略布局论述摘编》，人民出版社2015年版，第172页。

治国来说，党的十八届四中全会关于《中共中央关于全面推进依法治国若干重大问题的决定》和《〈中共中央关于全面推进依法治国若干重大问题的决定〉的说明》只是一个框架式的、方向性的指导性文件，其所涵涉的七大方面问题，都直指依法治国模式的问题。例如，怎样的模式才能体现中国特色社会主义法治道路？怎样建设中国特色社会主义法治体系？怎样完善以宪法为核心的中国特色社会主义法律体系，加强宪法实施？怎样推进依法行政，加快建设法治政府？怎样保证司法公正，提高司法公信力？怎样增强全民法制观念，推进法治社会建设？怎样加强和改进党对全面推进依法治国的领导等问题，显然是一个建构、完善新模式的问题。这一系列追问的实质就是探索依法治国的具体模式，用新模式实现依法治国的理念和功能。全面推进依法治国，是全面推进社会主义法治国家建设，这就要求要从法治制度模式上，为解决以上诸多问题提供制度化方案。依法治国作为一个系统工程必须直面的核心问题就是法治国家治理模式的设计及贯彻问题，也就是依法治国的各项制度化方案的设计和实施问题。这是以实践思维为导向的国家及社会治理模式的建构问题，而模式建构是一个系统工程。

改革开放以来，我们党从认识到"搞法制才靠得住"[①]，到党的十五大提出依法治国方略，党的十六大把依法治国纳入全面建设小康社会重要目标，党的十七大提出加快建设社会主义法治国家，党的十八大强调全面推进依法治国。我们可以看到，法治国家建设进程中的每一个进步，都是在新的法治治理模式的建构和实施中实现的。如今，改革进入深水区、攻坚区，推进依法治国需要从顶层设计国家及社会治理模式，即在社会有机体系统中，从全局考虑设计依法治国的各项治理方案。为此，党的十八届四中全会通过《中共中央关于全面推进依法治国若干重大问题的决定》的总体框架和主要内容的说明中讲，要"立足我国国情，从实际出发，坚持走中国特色社会主义法治道路，既与时俱进、体现时代精神，又不照抄照搬别国模式"[②]。党的十九大报告中又指出，新时代中国特色社会主义思想明确坚持和发展中国特色社会主义，战略布局是"四个全面"，强调坚持道路自信、理论自信、制度自信、文化自信，特别是坚持全面依法治国。"全面依法治国是中国特色社会主义的本质要求和重要保障。必须把党的领导贯彻落实到依法治国全过程和各方面，坚定不移走中国特色社会主义法治道路，完善以宪法为核心的中国特色社会主义法律体系，建设中国特色社会主义法治体系，建设社会主义法治国家，发展中国特色社会主义法治理论，坚持依法治国、依法执政、依法行政共同推进，坚持法治国家、法治政府、法治社会一体建设，坚持依法治国和以德治国相结合，依法治国和依规治党有机统一，深化司法体制改革，提高全民族

[①]《邓小平文选》第 3 卷，人民出版社 2001 年版，第 379 页。
[②] 中共中央文献研究室编：《十八大以来重要文献选编》中，中共中央文献出版社 2018 年版，第 144 页。

法治素养和道德素质。"①

全面推进依法治国涉及的是以问题为导向的实践追问，其对策既要高屋建瓴，更要脚踏实地、切实管用。法治国家治理模式的设计是依法治国必须直面的问题，从治理模式设计上主要有三个方面的考量需要注意。

一、法治国家的治理模式设计必须直面多种规律的综合与集成问题

制约法治中国建设及运行的是一个规律群。依法治国的各项具体法律法规的设计和有效实施要符合社会主义建设规律、执政党执政规律、国际交往规律，以及制约社会主义初级阶段各个领域、不同层面活动运行规律、人的发展及心理规律等。

（一）推进依法治国要合乎社会主义建设规律

全面推进依法治国是要坚持中国特色社会主义法治道路，建设中国特色社会主义法律体系，这项社会工程是中国特色社会主义建设的一个组成部分。《中共中央关于全面推进依法治国若干重大问题的决定》明确指出，全面依法治国是中国特色社会主义的本质要求和重要保障。

（二）推进依法治国要合乎执政党的执政规律

依法治国是我党全局工作的一个组成部分。党的十一届三中全会以来，依法治国基本方略确定以后，党领导国家积极建设社会主义法治国家，在改革开放进程中探索中国特色社会主义法律体系，稳步推进法治政府建设，司法体制不断完善，全社会正在形成依法治国理念，法治观念明显增强。总结依法治国基本方略贯彻几十年来的实际进路，我们可以看出：党的领导是中国特色社会主义最本质的特征，是社会主义法治建设的一条基本经验，任何时候都不能动摇。全面依法治国要坚持党的领导，党的领导也必须依靠依法治国。这就要求党要依法执政，党必须依照宪法法律治国理政，依照党内法规管党治党。依法治国对党的领导提出了如下要求：第一，党领导立法、保证执法、支持司法、带头守法，把依法治国基本方略同依法执政基本方式统一起来；第二，把党统揽全局、协调各方同人大、政府、政协、审判机关、检察机关依法依章程履行职能、开展工作统一起来；第三，把党领导人民制定和实施宪法法律同党坚持在宪法法律范围内活动统一起来。既要坚持党的领导，又要坚持党在法律法规范围内活动，这是中国特色社会主义法治建设进程中，执政党能够得以长期执政的一条基本规律。

---

① 《党的十九大报告辅导读本》编写组编：《党的十九大报告辅导读本》，人民出版社2017年版，第22页。

（三）推进依法治国要合乎国际交往规律

依法治国是在改革开放进程中逐步推进的，是我国与其他国家政治、经济、文化等诸多方面深度接触的背景下渐进展开的。本国之法的制定和执行也绝不可以推开他国的法律、文化等因素之影响。当今，在经济、政治、文化、社会、司法等领域的国际交往、合作等活动中，对国际规则的探索和确立都影响着各个领域的国际合作与交流。目前，在加强国际法律合作行动中，加快引渡条约、刑事司法协助条约、资产分享协定等的谈判、缔约、履约进程，建立与有关国家的反腐败执法合作机制，是我们加强国际追逃、追赃工作亟须建立的国际交往关系。国际交往活动的规律也是影响依法治国模式探索的一个重要因素。

二、法治国家的治理模式要处理多重价值的分歧与整合问题

（一）价值主体与价值诉求不同导致的分歧需要整合

社会主义初级阶段仍然处在以"物的依赖关系"为基础的人的个性发展的社会形态中，人还不能摆脱对物的依赖。国家、政府、社会组织、市场、个人都是以不同主体的身份参与到市场经济和社会生活的，并参与到对物的创造与分配活动中来。不同的价值主体有着不同的价值诉求，国家、政府、社会组织、市场、个人等在价值立场、价值原则、价值体验、价值实现等诸多方面都存在着分歧和偏差。特别是随着人们主体意识的增强，价值主体和价值诉求不同引发的各类冲突时有发生。这些分歧和偏差在法律制度模式的建构过程中就提出如何整合才能制定出合理有效的法律、法规，规范社会生活行为的问题。

（二）价值排序不同引起的价值分歧需要整合

在社会主义社会中国家、政府、社会、各类组织及个人在价值诉求的很多方面及基本方向上是一致的，但即使价值诉求方向一致，在具体模式中还有一个价值排序的问题。价值排序是任何一个具体模式设计时都必须直面的问题，在康德那里，这个问题就是"德行优先还是公正优先"的问题。中国古代早就有"颜回之惑"①，现在这个问题仍然存在。

三、法律法规模式设计需要直面具体的情境的分析和研判

（一）具体法律法规模式有效的情境约束

法律法规是一个制度性事实模式的设计选择和贯彻的过程。任何制度性事实

---

① 故事说明价值排序不同，判决模式就会不同。

都是针对当时面临的紧急且重要的社会问题而设计的,有着具体的情境条件约束。当今,我们是要建构以宪法为核心的中国特色社会主义法律体系,治理我们自己的国家,必须采用中国人的方式,因此我们对自己的国情及所面对的社会问题要有自己的研判。

(二)失败的法律规则背后的情境误判

社会主义市场经济运行过程中,社会领域市场化过度和经济领域市场化不足等都是引发社会问题的主要原因。而这些问题的出现我们都可以从自身面临的具体情境的分析和研判上找出失误的根源。我们要在改革的进程中逐渐实现法治中国的目标,就必须对各项法律法规出台的具体情境做出准确的分析和研判。

总之,依法治国作为一个系统工程,其核心是一个一系列法律、法规模式及实施的探索的过程。这个模式的探索实际上是一个规律、价值、情境的结合方式的抉择和实施模式的过程。

第七章 在建构中国特色社会主义哲学社会科学进程中坚定社会工程研究

第一节 构建中国特色哲学社会科学是一个系统工程

中国特色社会主义事业是中国共产党领导的中国人民自己的事业。在这项事业中，哲学社会科学不但承担着汲取古今中外优秀文化成果、筑牢民族文化根基的历史职责，更肩负着用理性的反思审视这项事业进程中面临的问题，为其顺利发展贡献智慧的重担。

一、直面问题积极建设中国特色哲学社会

2016年5月17日在全国哲学社会科学工作座谈会上，习近平同志强调要建构中国特色哲学社会科学，他说："构建中国特色哲学社会科学是一个系统工程，是一项极其繁重的任务，要加强顶层设计，统筹各方面力量协同推进。要实施哲学社会科学创新工程，搭建哲学社会科学创新平台，全面推进哲学社会科学各领域创新。"[1]这是从反思我国哲学社会科学领域的问题得出的论断。第一，就产量和质量的对比而言，"我国是哲学社会科学大国，研究队伍、论文数量、政府投入等在世界上都是排在前面的，但目前在学术命题、学术思想、学术观点、学术标准、学术话语上的能力和水平同我国综合国力和国际地位还不太相称"[2]。第二，从学科建设方面讲，"我国哲学社会科学学科体系已基本确立，但还存在一些亟待解决的问题，主要是一些学科设置同社会发展联系不够紧密，学科体系不够健全，

---

[1] 习近平：《习近平谈治国理政》第2卷，外文出版社2017年版，第346页。
[2] 习近平：《习近平谈治国理政》第2卷，外文出版社2017年版，第338页。

新兴学科、交叉学科建设比较薄弱"①。从教材建设方面讲,"我们在实施马克思主义理论研究和建设工程的过程中,教材建设取得了重要成果,但总体看这方面还是一个短板"②。

中国特色哲学社会科学要有继承性、民族性,体现原创性、时代性、系统性、专业性。直面我国哲学社会科学发展中的问题和不足,习近平同志提出了建设性意见。针对质量不匹配问题,习近平同志指出:"要充分发挥马克思主义理论研究和建设工程、中国特色社会主义理论体系研究中心、马克思主义学院、报刊网络理论宣传等思想理论工作平台的作用,深化拓展马克思主义理论研究和宣传教育。要运用互联网和大数据技术,加强哲学社会科学图书文献、网络、数据库等基础设施和信息化建设,加快国家哲学社会科学文献中心建设,构建方便快捷、资源共享的哲学社会科学研究信息化平台。要创新科研经费分配、资助、管理体制,更好发挥国家社科基金作用,把财政拨款和专项资助结合起来,把普遍性经费资助和竞争性经费资助结合起来,把政府资助和社会捐赠结合起来,加大科研投入,提高经费使用效率。要建立科学权威、公开透明的哲学社会科学成果评价体系,建立优秀成果推介制度,把优秀研究成果真正评出来、推广开。"③针对学科体系,他要求:"下一步,要突出优势、拓展领域、补齐短板、完善体系。一是要加强马克思主义学科建设。二是要加快完善对哲学社会科学具有支撑作用的学科,如哲学、历史学、经济学、政治学、法学、社会学、民族学、新闻学、人口学、宗教学、心理学等,打造具有中国特色和普遍意义的学科体系。三是要注重发展优势重点学科。四是要加快发展具有重要现实意义的新兴学科和交叉学科,使这些学科研究成为我国哲学社会科学的重要突破点。五是要重视发展具有重要文化价值和传承意义的'绝学'、冷门学科。这些学科看上去同现实距离较远,但养兵千日、用兵一时,需要时也要拿得出来、用得上。还有一些学科事关文化传承的问题,如甲骨文等古文字研究等,要重视这些学科,确保有人做、有传承。总之,要通过努力,使基础学科健全扎实、重点学科优势突出、新兴学科和交叉学科创新发展、冷门学科代有传承、基础研究和应用研究相辅相成、学术研究和成果应用相互促进。"④针对教材建设,他指出:"学科体系同教材体系密不可分。学科体系建设上不去,教材体系就上不去;反过来,教材体系上不去,学科体系就没有后劲。"⑤他从我国哲学社会科学后备军的高度提出了培养人才的重要性。他说:"据统计,全国本科院校几乎都设立了哲学社会科学学科,文科生也占了在校学生

---

① 习近平:《习近平谈治国理政》第2卷,外文出版社2017年版,第344页。
② 习近平:《习近平谈治国理政》第2卷,外文出版社2017年版,第345—346页。
③ 习近平:《习近平谈治国理政》第2卷,外文出版社2017年版,第346—347页。
④ 习近平:《习近平谈治国理政》第2卷,外文出版社2017年版,第344—345页。
⑤ 习近平:《习近平谈治国理政》第2卷,外文出版社2017年版,第345页。

很大比例。这些学生是我国哲学社会科学后备军,如果在学生阶段没有学会正确的世界观、方法论,没有打下扎实的知识基础,将来就难以担当重任。高校哲学社会科学有重要的育人功能,要面向全体学生,帮助学生形成正确的世界观、人生观、价值观,提高道德修养和精神境界,养成科学思维习惯,促进身心和人格健康发展。培养出好的哲学社会科学有用之才,就要有好的教材。经过努力,我们在实施马克思主义理论研究和建设工程的过程中,教材建设取得了重要成果,但总体看这方面还是一个短板。要抓好教材体系建设,形成适应中国特色社会主义发展要求、立足国际学术前沿、门类齐全的哲学社会科学教材体系。在教材编写、推广、使用上要注重体制机制创新,调动学者、学校、出版机构等方面积极性,大家共同来做好这项工作。"[①]

二、积极探索当代哲学社会科学的现实形态

习近平同志强调:"哲学社会科学的现实形态,是古往今来各种知识、观念、理论、方法等融通生成的结果。我们要善于融通古今中外各种资源,特别是要把握好 3 个方面的资源。一是马克思主义的资源……二是中华优秀传统文化的资源……"[②]他强调:"中华民族有着深厚文化传统,形成了富有特色的思想体系,体现了中国人几千年积累的知识智慧和理性思辨传统。这是我国的独特优势。中华文明延续着我们国家和民族的精神血脉,既需要薪火相传、代代守护,也需要与时俱进、推陈出新。要加强对中华优秀传统文化的挖掘和阐发,使中华民族最基本的文化基因与当代文化相适应、与现代社会相协调,把跨越时空、超越国界、富有永恒魅力、具有当代价值的文化精神弘扬起来。要推动中华文明创造性转化、创新性发展,激活其生命力,让中华文明同各国人民创造的多彩文明一道,为人类提供正确精神指引。要围绕我国和世界发展面临的重大问题,着力提出能够体现中国立场、中国智慧、中国价值的理念、主张、方案。我们不仅要让世界知道'舌尖上的中国',还要让世界知道'学术中的中国'、'理论中的中国'、'哲学社会科学中的中国',让世界知道'发展中的中国'、'开放中的中国'、'为人类文明作贡献的中国'。"[③]

(1)强调民族性并不是要排斥其他国家的学术研究成果,而是要在比较、对照、批判、吸收、升华的基础上,使民族性更加符合当代中国和当今世界的发展要求,越是民族的越是世界的。解决好民族性问题,就有更强能力去解决世界性问题;把中国实践总结好,就有更强能力为解决世界性问题提供思路和办法。这

---

① 习近平:《习近平谈治国理政》第 2 卷,外文出版社 2017 年版,第 345—346 页。
② 习近平:《习近平谈治国理政》第 2 卷,外文出版社 2017 年版,第 338—339 页。
③ 习近平:《习近平谈治国理政》第 2 卷,外文出版社 2017 年版,第 340 页。

是由特殊性到普遍性的发展规律。哲学社会科学研究范畴很广，不同学科有自己的知识体系和研究方法。对一切有益的知识体系和研究方法，我们都要研究借鉴，不能采取不加分析、一概排斥的态度。解决中国的问题，提出解决人类问题的中国方案，要坚持中国人的世界观和方法论。如果不加分析地把国外学术思想和学术方法奉为圭臬，一切以此为准绳，那就没有独创性可言了。如果用国外的方法得出与国外同样的结论，那也就没有独创性可言了。要推出具有独创性的研究成果，就要从我国实际出发，坚持实践的观点、历史的观点、辩证的观点、发展的观点，在实践中认识真理、检验真理、发展真理。

（2）既立足本国实际，又要开门搞研究。对人类创造的有益的理论观点和学术成果，我们应该吸收借鉴，但不能把一种理论观点和学术成果当成"唯一准则"，不能企图用一种模式来改造整个世界，否则就容易滑入机械论的泥坑。一些理论观点和学术成果可以用来说明一些国家与民族的发展历程，在一定地域和历史文化中具有合理性，但如果硬要把它们套在各国各民族头上、用它们来对人类生活进行格式化，并以此为裁判，那就是荒谬的了。对国外的理论、概念、话语、方法，要有分析、有鉴别，适用的就拿来用，不适用的就不要生搬硬套。哲学社会科学要有批判精神，这是马克思主义最可贵的精神品质之一。

（3）中国特色哲学社会科学应有的三个特点：首先，要有继承性、民族性。要善于融通古今中外各种资源，把握好三方面资源。第一，马克思主义的资源，包括马克思主义基本原理、马克思主义中国化的最新成果及其文化形态，如党的理论和路线方针政策，中国特色社会主义道路、理论体系、制度，我国经济、政治、法律、文化、社会、生态、外交、国防、党建等领域形成的哲学社会科学思想和成果。这是中国特色哲学社会科学的主体内容，也是中国特色哲学社会科学发展的最大增量。第二，中华优秀传统文化的资源，这是中国特色哲学社会科学发展十分宝贵、不可多得的资源。第三，国外哲学社会科学的资源，包括世界所有国家哲学社会科学取得的积极成果，都可作为中国特色哲学社会科学的有益滋养。要坚持古为今用、洋为中用，融通各种资源，不断推进知识创新、理论创新、方法创新。要不忘本来、吸收外来、面向未来，既向内看、深入研究关系国计民生的重大课题，又向外看、积极探索关系人类前途命运的重大问题；既向前看、准确判断中国特色社会主义发展趋势，又向后看、善于继承和弘扬中华优秀传统文化精华。绵延几千年的中华文化，是中国特色哲学社会科学成长发展的深厚基础。站立在 960 万平方公里的广袤土地上，汲取中华民族累积之文化养分，集全中国人民磅礴之力，我们走自己的路，具有无比广阔的舞台，具有无比深厚的历史底蕴，具有无比强大的前进定力，中国人民应该有这个信心，每一个中国人都应该有这个信心。坚定中国特色社会主义道路自信、理论自信、制度自信，说到底是要坚定文化自信。文化自信是更基本、更深沉、更持久的力量。历史和现实都表明，一个抛弃了或者背叛了自己历史文化的民族，不仅不可能发展起来，而且很可能上演一场历史悲剧。

其次，要有原创性、时代性。也就是以我国实际为研究起点，提出具有主体性、原创性的理论观点，构建具有自身特质的科学体系、学术体系、话语体系，形成有自身特点和优势的哲学社会科学。

最后，要有系统性、专业性。中国特色哲学社会科学应该涵盖历史、经济、政治、文化、社会、生态、军事、党建等各领域，囊括传统学科、新兴学科、前沿学科、交叉学科、冷门学科等诸多学科，不断推进学科体系、学术体系、话语体系建设和创新，努力构建一个全方位、全领域、全要素的哲学社会科学体系。

第二节　以问题为导向的哲学社会科学研究社会工程研究已开先河

习近平同志说："哲学社会科学的特色、风格、气派，是发展到一定阶段的产物，是成熟的标志，是实力的象征，也是自信的体现。"①改革开放催生的社会工程研究，是一代学者紧扣时代问题进行的理论探索，它源于"组织和管理社会主义的技术"②的探求，致力于从政理、学理和事理相融通③视角探究合理有效的社会政策、制度模式设计的一般规律，是中国学者用自己的学术工具参与推动社会进步的理论创新。

一、解读中国实践、构建中国理论社会工程理论义不容辞

习近平同志指出，中国特色哲学社会科学要具有原创性、时代性。"我们的哲学社会科学有没有中国特色，归根到底要看有没有主体性、原创性。跟在别人后面亦步亦趋，不仅难以形成中国特色哲学社会科学，而且解决不了我国的实际问题。"④他还指出："只有以我国实际为研究起点，提出具有主体性、原创性的理论观点，构建具有自身特质的学科体系、学术体系、话语体系，我国哲学社会科学

---

① 习近平：《习近平谈治国理政》第 2 卷，外文出版社 2017 年版，第 338 页。
② 上海交通大学钱学森研究中心：《智慧的钥匙：钱学森论系统科学》，上海交通大学出版社 2015 年版，第 199 页。
③ 王宏波教授于 2018 年 7 月 14 日在西安交通大学南洋国际厅以"引入新的思维方式，有效推进习近平新思想'三进'工作"为主题所做的报告。
④ 习近平：《习近平谈治国理政》第 2 卷，外文出版社 2017 年版，第 341—342 页。

才能形成自己的特色和优势。"①他说:"发挥我国哲学社会科学作用,要注意加强话语体系建设。在解读中国实践、构建中国理论上,我们应该最有发言权,但实际上我国哲学社会科学在国际上的声音还比较小,还处于有理说不出、说了传不开的境地。要善于提炼标识性概念,打造易于为国际社会所理解和接受的新概念、新范畴、新表述,引导国际学术界展开研究和讨论。这项工作要从学科建设做起,每个学科都要构建成体系的学科理论和概念。"②

  社会发展、实践深化、历史前进是哲学社会科学前进的实践基础,理论源于对活生生的实践的反思的概括,理论的生命力在于创新。创新是哲学社会科学发展的永恒主题。习近平说:"社会总是在发展的,新情况新问题总是层出不穷的,其中有一些可以凭老经验、用老办法来应对和解决,同时也有不少是老经验、老办法不能应对和解决的。如果不能及时研究、提出、运用新思想、新理念、新办法,理论就会苍白无力,哲学社会科学就会'肌无力'。"③改革开放之始,社会工程研究紧跟中国特色社会主义实践和理论,在建构层面深入研究管理和建设社会主义的技术,探索怎样建设社会主义,在涉及社会发展的重大课题的各个层面努力探索,今天,推进国家治理体系和治理能力现代化,发展社会主义市场经济,发展社会主义民主政治,发展社会主义协商民主,建设中国特色社会主义法治体系,发展社会主义先进文化,培育和践行社会主义核心价值观,建设社会主义和谐社会,建设生态文明,构建开放型经济新体制,实施总体国家安全观,建设人类命运共同体,推进"一带一路"倡议,坚持正确义利观,加强党的执政能力建设,坚持走中国特色强军之路、实现党在新形势下的强军目标,等等,以上各个层面的问题如果从建构层面追问"怎么办?",都是一个系统的社会工程。社会工程研究者理应有信心和能力用原创性、时代性的概念与理论,继续参与和推进当代中国社会进步的进程。我们肯定地说,社会工程研究从起根发苗就以社会主义建设中的问题为切入点,它用自己的学术工具探索了言说、建构社会发展所需求的社会关系形式的理论和方法。在改革开放的各个时期,一代一代的学者把理论性批判的触角推进到建构层面,进行了时代所存问题的建构性探究,展现了一代一代学者学术自觉与现实关怀的精神状态和最实际的呼声。习近平说:"哲学社会科学创新可大可小,揭示一条规律是创新,提出一种学说是创新,阐明一个道理是创新,创造一种解决问题的办法也是创新。"④今天,中国特色社会主义进入新时代,我们解读中国实践、构建中国理论,社会工程研究义不容辞。

---

① 习近平:《习近平谈治国理政》第2卷,外文出版社2017年版,第342页。
② 习近平:《习近平谈治国理政》第2卷,外文出版社2017年版,第346页。
③ 习近平:《习近平谈治国理政》第2卷,外文出版社2017年版,第342页。
④ 习近平:《习近平谈治国理政》第2卷,外文出版社2017年版,第342页。

二、在建构中国特色哲学社会科学进程中坚定社会工程研究

社会工程模式研究是社会工程研究的核心。习近平说:"当代中国的伟大社会变革,不是简单延续我国历史文化的母版,不是简单套用马克思主义经典作家设想的模板,不是其他国家社会主义实践的再版,也不是国外现代化发展的翻版,不可能找到现成的教科书。我国哲学社会科学应该以我们正在做的事情为中心,从我国改革发展的实践中挖掘新材料、发现新问题、提出新观点、构建新理论,加强对改革开放和社会主义现代化建设实践经验的系统总结,加强对发展社会主义市场经济、民主政治、先进文化、和谐社会、生态文明以及党的执政能力建设等领域的分析研究,加强对党中央治国理政新理念新思想新战略的研究阐释,提炼出有学理性的新理论,概括出有规律性的新实践。这是构建中国特色哲学社会科学的着力点、着重点。一切刻舟求剑、照猫画虎、生搬硬套、依样画葫芦的做法都是无济于事的。"①习近平同志对中国特色哲学社会科学的着力点、着重点的期望更坚定我们对社会工程理论的研究。

伴随着我国改革开放步伐兴起的社会工程研究,从建构层面反思如何建设社会主义、如何建构合理有效的社会政策推动社会进步,已走过 40 余年的历程。作为一个新兴的社会科学研究方向,其学科建设、学术共同体的生成也在推进中。社会工程规律论、社会工程中价值论及社会工程模式是贯穿本书的一条主线,但是每一个主题的展开都是一道难解的谜题。本书的研究从社会工程活动中面临的理论与现实问题入手,舍弃了知识考古学意义上全面的理论梳理,集中论述了社会工程过程中所涉及的世界观、规律、价值、模式等哲学问题,并作了初步的探索,得出以下几点基本结论。

第一,唯物史观层面的发展理论和具体社会变革层面的发展理论是社会发展理论两个不同的层面。前者从生产力与生产关系、人的发展与社会发展的矛盾运动,揭示了社会发展总体趋势及一般走向,表现为社会规律;后者从社会事物、制度性事实的生成及转化揭示具体社会建设、改造社会的社会工程规律。社会规律为社会工程建构具体社会模式提供理论支持;社会工程规律反映了社会模式建构和转换的规律,是社会规律的应用探索。社会工程规律具有参与要素的协调制约性、主体与客体的双向互动性、作用方式与结果的综合建构性、作用条件的时空限制性等特点。

第二,实践物质观是社会工程的世界观基础。马克思主义哲学世界观的革命性变革的真正意义在于,把物质的原则和实践的原则结合起来看世界。社会事物、制度性事实的生成要从物质与实践的关系中去考察。从实践物质观的视角看社会

---

① 习近平:《习近平谈治国理政》第 2 卷,外文出版社 2017 年版,第 344 页。

世界，物质、规律、价值都不是一成不变的，而是在社会生活中生成的。一方面，它们是物质的、客观存在的；另一方面，它们又是在人的实践作用下不断生成、变化发展的。

第三，社会工程中的价值是在主体与客体双向互动的社会工程活动中生成的，客体之于主体指向发展的需求、意义和效应。社会工程活动是价值导向下的模式设计活动。多重价值分歧的现实提出了价值整合的必要性，价值整合要坚持"以人为本"与"以物为据"相统一的原则、整体与局部相统一的原则、兼顾与优先相统一的原则。

第四，社会工程模式是一个动态的范畴，是未来社会事物、制度性事实的结构与功能实现的架构。模式范畴的提出为马克思主义基本理论转化为具体操作、对策起中介和桥梁作用，它使对理论的检验深入更为具体的建构层面，为总结社会工程设计中的经验教训提供了溯源的新思路。

以上对社会工程中的理论问题进行哲学反思，集中探讨了社会工程的世界观基础、社会工程规律、社会工程中的价值等问题，研究合理有效的社会政策、社会模式的建构问题，其中每一个方面都可继续作为支点进行深度犁耕。作为初步思考的结果暂告段落，进一步的思索有待于实践的推进、新的问题的出现。社会工程研究是探求社会模式的设计、实施的问题，我努力以自己独立的思考和研究试图探求一种考察角度，以便借此角度来确定社会模式设计与转换在推动社会进步中的相对有效性。但是，既然是一种理论视角的探索，就必然像波普尔所言的，我们探求这种思维方式和评判标准；如果说我们的努力使我们发现了这一方式和标准，我们即使不能创建一门新的学科，至少也找到了创建这门学科的基础。每当我们对一个问题提出解法时，我们应该尽我们所能去试图推翻它的解法，而不是去保护它。只有当我们尽可能清楚地陈述我们的问题，把我们的解决方法表述在足够确定的形式之中——一种可以接受批判性讨论的形式中时，批判才会有效果。①关于社会工程的哲学基础的研究只是一项阶段成果，我真诚期望的不是在未来的社会政策模式制定和贯彻中它能不断得以实践的印证，因为我只是提出一个看问题的视角，现代哲学是有限视角，社会科学领域各种理论视角的有限性，注定了视角之间的相互补充与对话的必要性，唯有如此，才能推动我们对问题的深入理解。同时，正如雅科夫列夫所说的学者会犯错误，而且一定会在某个方面犯错误，而他的错误往往成为促进知识继续发展的肥沃土壤。②故此，我期待着反例推翻之前所作的结论，这也是我一贯的主张——反例意味着边界，而一种理论边

---

① 〔英〕卡尔·波普尔：《科学发现的逻辑》，查汝强、邱仁宗译，中国美术学院出版社2007年版，第157页。
② 〔俄〕亚·尼·雅科夫列夫：《一杯苦酒：俄罗斯的布尔什维主义和改革运动》，徐葵、张达楠、王器等译，社会科学文献出版社2016年版，第2页。

界被我们意识到的时候，也是理论推进的另一个支点发现的欢心时刻，借助彼力，一个振奋人心的视域也将就此打开。我相信现代哲学的视域融合为各个学科、各领域的相互学习、借鉴、争鸣提供了自由的平台，如果前期的结论被推翻，这对哲学则是喜事，新的思路就此打开，新的爱智之旅奉献给我们的将是更引人入胜的一路风景。用有思想的研究参与推动社会进步，对一个以思考和研究社会问题为职业的社会科学研究者而言，就是不负青春、不负使命。

后　　记

一位朋友曾说："一本书是一种理想的证明，更是一段生存的呈现。"选择了一个探索中的学术方向用心体会它"在"之状态，参与它的生长，这段经历开启了我作为一个学者思想生产的门户，的确是一段不同一般的生存的呈现。

一段文字是一段生命的记载，一段平静治学的学术生命就在那里。在西安交通大学跟随恩师王宏波教授从事马克思主义理论学术研究，在不慌不忙地积淀与思考过程中的所感所知，以问题为导向从事学术研究习惯的形成与坚守。在西安交通大学学习8年，我认同西安交通大学的治学准则和标准，形成了自己的研究方向，思想的种子就在那里萌发、生长……精神成长的生命体验入心入骨。以社会工程作为研究方向，一是基于对导师的了解和信任。在20世纪90年代初，我在参与陕西省经济学学会学术活动的时候，就经常听到学会秘书长胡北华教授在学术会议之后，还要接着讨论西安交通大学王宏波教授在会上的发言。后来担任陕西省哲学学会的秘书，在每年举办的各种学术研讨会、常务理事会和年会上经常能听到导师与众不同的学术见解，给我留下了很深的印象。在跟随导师学习的过程中，常常为导师敏锐的思维和精准的问题意识所折服。二是我坚信社会工程研究的意义和价值。我的导师在工程哲学和社会工程领域苦苦钻研30余载，如果这是一个毫无章法、杂乱的世界，导师可能早就放弃了，因此，我从不怀疑这一研究方向的价值和前景。特别是面对改革开放40余年的新起点，思考社会工程规律其实就是探索社会主义建设的规律，探寻社会主义建设进程中的社会模式建构和转换的规律，这无疑是我们马克思主义理论学科后辈学者义不容辞的责任和义务，而从建构论视域审视社会工程活动，无疑也是进一步推进这门新兴学科向深入发展的必要环节。我深知这个题目难做——学科的研究范式尚在探索中，学术共同体正在成长，没有太多的研究成果可供借鉴……我深知哲学领域不一定有耕耘就会有收获，但是我更坚信不经历风雨怎能见彩虹的朴素道理。学术是关于世界规律的知识体系，而体系化、逻辑严密的知识的习得需要经过严格的专业训练，捷径是没有的。西安交通大学我来过，我在此努力过，无论结果如何，经过了严格学术训练的过程，我一定能够习得独立工作的能力，自信地立于学园之中！三是导师宽阔的学术视野指引着我们后辈学子的学术追求和方向。导师是一位尊敬前辈、同行，同时对自己思想的原创性保持高度自觉的学者。他几十年来孜孜不倦地钻研马克思主义经典著作，讲授马克思主义原著导读课程，形成了马克思主义理论与社会工程研究的学术方向，在做文本研究的同时，把马克思主义基础理论研究与中国当代社会所面临的社会问题结合起来，形成了独特的理论视阈。在课堂外，他不仅不懈地思考马克思主义理论研究的前瞻性问题，还把中国社会正在发生的社会问题：工程问题、户籍制度的改革、农民工问题、群体事件、房地产问题、城中村改造问题、大学生贷款问题、共同富裕问题、国企改革问题等纳入自己的哲学思考中；还常常将同行学者的睿智见解讨论于课堂内外，师生一起讨论、点评，相互撞击思想的火花。尽管在社会发展理论方面，学界已有很多成果卓著的优秀作品问世，但是把历史观意义上的社会发展规律研究和具体社会形态中的建构性规律、模式研究结合起来，研究社会科学领域中的真理与科学真理的区别、社会模式研究的作用和功能等，就是我撰写本书过程中萌动在心里、激励着我想要实现理论创新的突破口。而这个突破口的确定，不仅引领了我数年的思考方向，而且在学习、研究的过程中，关于建构性活动中提出的世界观问题、价值问题、模式范畴等理论问题逐渐深入视域。困惑、思索、一无所获、有所领悟……最初的选择鼓舞着我在研究进展不下去时保持着坚守的信心。曾经一度做梦都在自问：创新在哪？我在这个环节中起了什么作用？我自己答：导师发现了宝藏，开创了一种新的跨学科的研究方式，以一种当代中国学者的学术话语方式和思维方式研究正在变革中的中国社会，我参与了挖掘和推进，在此过程中我渐渐学会了独立思考并有了自己的见解。在学习社会工程理论的过程中，我对建构性规律的存在性及其意义、价值问题、模式设计问题思路逐渐清晰，有了自己的看法和发言的底气。四是不断学习，不断进步，也使我逐渐拥有了信心。我们这一代人是站在比前人更高的起点上，应该有自信比前人做得更好。在西安交通大学学习的几年中，我用了三年的时间认真研读了马克思主义经典原著，整理扩充了导师的《反杜林论（哲学编）阐释》书稿，我们的博士生学习活动和论坛坚持做马克思主义理论原著导读，相互交流。在此期间，我的好友还把自己的马克思主义经典著作讲课录音发送给我，不仅扩展了我的理论视域，也激发了我刻苦研读、坚持努力的心劲。从文本研究的角度研读过前人"说什么、怎样说"，在此过程中，也渐渐有了"接着说、我要说"的愿望和能力。虽然在人文社会科学领域中，我们常常听到创新难的感慨，但我相信柏拉图的话，我们不过都是人罢了，如果我们能提出比别人更接近正确的解释，我们就应该很满意了。我也赞同爱因斯坦的观点：提出一个问题，比解决一个问题更重要。真正的问题不在于它的解答，而在于提出真问题，因为蕴含着真问题的思想是原创性学术的开端。人文社会科学的进步也许就是要有一种理论的勇气,说出自己的话,把无知暴露于阳光之下接受智者的追问和实践的检验,才能有机会品味更美味的思想盛宴、沐浴更美好的精神洗礼。即使本书的完成没能很好地承担起建立一门学科的哲学基础之责任,至少为建立这个基础作出了前期的铺垫,在后面会有更好、更多的成果,这也是西安交通大学的笃学、励志的校训留给我最珍贵的启示!

感谢西安交通大学李玉华教授、李明德教授、陆卫明教授,西安理工大学廉永杰教授,西北政法大学张周志教授。你们的建议让本书的核心部分表达得更清晰、准确!

感谢南开大学杨谦教授、陕西师范大学袁祖社教授、西北工业大学贠智凯教授、西北政法大学刘进田教授、西安交通大学刘儒教授。你们的建议和点评激励我坚守着探索中的社会工程研究!

感谢培养我多年的恩师、默默奉献的师母、可爱的师妹!

在探索的路上我们需一直努力,这就是西安交通大学给我最好的教育!学海无涯,我在路上……

学着思考,学会做事,这就是去西安交通大学学习的初衷,如果还能回到从前,我只会更努力……

本书修改得益于中共陕西省委党校对马克思主义理论重点学科研究团队的支持!团队成员梁军、李路、方欣、梁知博、张晓旭、刘娜在每一次组会上的相互鼓励和探讨,都促成了书稿的修订完善,在此一并致谢!

感谢西安交通大学马克思主义理论协同创新中心的资助!

感谢科学出版社刘英红、易嘉宁编辑的辛勤付出!

周永红

于中共陕西省委党校研究生楼 215 工作室

2020 年 3 月 30 日